四川大学革命英烈丛书
四川省2020—2021年度重点图书出版规划项目

# 红旗漫卷
## 土地革命中的川大英烈

张 践 ◎ 编著

四川大学出版社

项目策划：王　军　段悟吾　宋彦博
责任编辑：欧风偎　荆　菁
责任校对：李畅炜
封面设计：墨创文化
责任印制：王　炜

### 图书在版编目（CIP）数据

红旗漫卷：土地革命中的川大英烈 / 张践编著． 一成都：四川大学出版社，2021.6
（四川大学革命英烈丛书）
ISBN 978-7-5690-4738-7

Ⅰ．①红… Ⅱ．①张… Ⅲ．①革命烈士－生平事迹－中国－现代②四川大学－校友－生平事迹 Ⅳ．
①K820.6

中国版本图书馆CIP数据核字（2021）第117153号

| 书名 | 红旗漫卷：土地革命中的川大英烈 |
|---|---|
| 编　著 | 张　践 |
| 出　版 | 四川大学出版社 |
| 地　址 | 成都市一环路南一段24号（610065） |
| 发　行 | 四川大学出版社 |
| 书　号 | ISBN 978-7-5690-4738-7 |
| 印前制作 | 四川胜翔数码印务设计有限公司 |
| 印　刷 | 四川盛图彩色印刷有限公司 |
| 成品尺寸 | 170mm×240mm |
| 印　张 | 8.25 |
| 字　数 | 120千字 |
| 版　次 | 2021年12月第1版 |
| 印　次 | 2021年12月第1次印刷 |
| 定　价 | 42.00元 |

**版权所有 ◆ 侵权必究**

◆ 读者邮购本书，请与本社发行科联系。
电话：(028)85408408/(028)85401670/
(028)86408023　邮政编码：610065
◆ 本社图书如有印装质量问题，请寄回出版社调换。
◆ 网址：http://press.scu.edu.cn

四川大学出版社
微信公众号

# 总 序

习近平总书记指出:"知史爱党,知史爱国。"为庆祝中国共产党成立100周年,在全党开展党史学习教育和在全社会开展党史、新中国史、改革开放史、社会主义发展史宣传教育之际,四川大学组织编写了"四川大学革命英烈丛书",并由四川大学出版社正式出版。这是四川大学认真讲好川大故事红色篇章、积极创新红色文化教育载体的重要举措之一,也是四川大学献礼中国共产党成立100周年的重要成果之一。

在中国共产党的领导下,在青春如火的锦江之滨、明远楼前,在风云激荡的望江楼畔、华西坝上,无数四川大学的革命师生坚持"与人民同甘苦,与祖国同命运,与时代同呼吸,与社会同进步",将永恒的红色基因融入了每一个川大学人的血脉和灵魂之中。其中,"红岩精神"的代表和"中华儿女革命的典型"江竹筠烈士等80多位校友为民族独立、国家解放和人民幸福献出了自己宝贵的生命,他们是四川大学历久弥新的川大精神的力行者和见证者,是四川大学生生不息的红色基因的创造者和传播者。

四川大学是四川保路运动和辛亥革命在四川的重要发生地,是新文化运动和五四运动在四川的主要策源地,是四川乃至全国马克思主义早期传播的重要发源地,是抗日救亡和爱国民主运动在四川的坚强根据地。1920年冬,学校师生成立了四川最早以研究和宣传马克思主义为主要任务的革命群众组织——马克思读书会。1922年2月,学校师生主编的《人声》报是四川第一份公开宣传马克思主义的报纸。1922年春和1923年夏,学校师生组织成立的四川社会主义青年团和中国共产党成都独立小组是四川最早的共产主义党团组织。以学校师生为骨干的中华民族解放先锋队成都队和"成都民主青年协会"等是在中国共产党领导下四川抗日救亡和爱国民主运动的中坚力量。中共四川大学党总支是国民党统治区最大的基层党组织之一，经常活动的共产党员有120余名。在开国大典上，与毛泽东主席一起登上天安门城楼的有朱德、吴玉章、张澜和郭沫若等四位四川大学校友。

长期以来，四川大学坚持立德树人根本任务，服务人才培养首要任务，充分发挥学校特色优势，深入挖掘校园红色资源，大力弘扬以江姐精神为代表的革命先烈精神，用生动鲜活的红色文化滋养着一代又一代川大学子。近年来，特别是党的十八大以来，四川大学党委高度重视红色文化教育，将红色文化教育贯穿于学校发展各方面和人才培养全过程，重点建设了"江姐纪念馆暨四川大学革命英烈事迹陈列馆""学习书屋""江姐精神专题数据库"等一批红色文化宣传展示平台，率先推出了话剧《待放》、舞台剧《江姐在川大》、主题文艺晚会《江姐颂》等一批红色文化教育艺术作品，积极打造了"江姐班""竹筠论坛""川大英烈一堂课""青年红色筑梦之旅"等一批红色文化教育新品牌，产生了良好的教育成果、育人效果和社会效益。

习近平总书记指出，"中国革命历史是最好的营养剂"。站在历史的交汇点上，站在发展的交接点上，站在新时代的新起点上，在"四川大学革命英烈丛书"正式出版之际，全校师生员工要进一步厚植中华优秀传统文化，弘扬革命文化，发展社会主义先进文化，凸显四川大学人文社会科学的学科优势，积极打造"中国共产党在四川大学"等红色教育品牌，进一步深化红色文化教育的内涵，丰富红色文化教育的形式，增强红色文化教育的实效。

"四川大学革命英烈丛书"编写组

**2021 年 6 月**

# 星耀川大，红旗漫卷

四川大学（简称"川大"）英烈郑佑之在诗中写道："黑夜昏沉，笼罩着山河大地；赤潮怒吼，惊醒了革命健儿。夔门闭锁的巴蜀，涌来了巨浪洪涛……"20世纪二三十年代的四川，军阀混战，群雄割据，大小战斗不断。政治黑暗激起赤潮怒吼，川大成为革命摇篮，马克思主义在这里广泛传播。川大校长吴玉章、张澜等人引进革命教师，实施教学改革，作育蜀中英才，传播马列思想。恽代英、王右木、杨闇公等一批革命先驱执教川大，革命组织成长壮大，进步报刊如雨后春笋般不断涌现，一大批川大学子走上革命道路。土地革命时期，学校涌现出郑佑之、余宏文、杨国杰、陆更夫、曾莱等革命英烈，川大学子在土地革命中播撒火种、抛洒热血，追念及之，可歌可泣。

## 一、在川大接受革命思想

在川大早期马克思主义传播中，吴玉章、王右木、恽代英等人以身作则，率先垂范，对川大学子影响很大。其中，陆更夫循着恽代英的脚步，走上革命道路。恽代英任教川南师范学堂时，陆更夫恭谨受教；恽代英任教川大时，陆更夫紧随而至；恽代英投身黄埔，陆更夫则考入黄埔四期。教师丹心育苗、春风化雨，学生倾心追随、以之为榜样，真正展现了川大的精神内涵：勇立潮头、敢为人先，匡时济世、大德厚爱。

在早期的办学实践中，进步社团是传播马克思主义的重要途径，其中张博诗、苟永芳等组织的"导社",大革命时期在进步学生中很有影响,饶耿之、曾莱、郭仲纯等都曾参与其间。"导社"组织读书会,研读马列著作,如《共产党宣言》《资本论浅释》《唯物史观》《共产主义ABC》等,川大进步青年在比较与推求中,感受马克思主义的无穷魅力。研读之余,同学间相互砥砺,师友间探讨交流,更使川大师生共同进步、共同成长。在"川南农王"郑佑之的提携下,余宏文走上革命道路。川大英烈前仆后继、革命薪火赓续相传。

## 二、在社会中传播马克思主义

土地革命时期,川大师生编辑出版进步报刊,传播马克思主义思想,有力地推动了中国西南地区马克思主义的传播和共产主义党团组织的创建。1924年,郑佑之创办《夜光新闻》,散发四方,其出版一百余期,有力地推动了青年运动和学生运动的开展。1926年,陆更夫被委任为中央军事政治学校武汉分校(即黄埔军校武汉分校)政治宣传科科长,负责编辑《革命生活》日刊。1927年,"四一二"政变后,陆更夫在《讨蒋特刊》上发表《在讨蒋大会里枪毙杨引之》,揭露蒋介石的反动和罪恶,旗帜鲜明地喊出"枪毙蒋介石"的口号。川大学子通过革命刊物宣传党的政策,统一党员认识,推动革命发展,纠正错误路线,为革命做出重要贡献。

20世纪二三十年代,川大青年走出学校,走入工农。他们举办农民夜校,开展平民教育,在民众中宣传马克思主义,在农村中掀起土地革命。1927年,饶耿之开办平民夜校,为了把课讲得通俗易懂,他自己动手绘制幻灯片,还利用节假日,到成都通惠门一带,给拉黄包车、抬轿、推鸡公车的民众作讲演,宣传革命思想。郭仲纯为动员民众入校学习,自己编写歌词,教农民识字、唱歌,并深入农村,写歌谣描述农民的悲惨生活,号召农民奋起革命。他创作的歌谣饱含鲜明的阶级性、强烈的战斗性和浓烈的乡土气息,在农村广为传唱,深受农民欢迎。

### 三、在革命实践中传播马克思主义

四川共产主义党团组织的创建，离不开川大革命先驱的努力。1922年，童庸生组织成立四川社会主义青年团（后在此基础上成立中国社会主义青年团成都地方执行委员会）。1924年，社会主义青年团成都地方执行委员会在校内外建立11个支部。土地革命时期，许多川大学子加入了社会主义青年团，其中"少共三杰"中的两位——苟永芳和饶耿之都来自川大。1929年10月，四川共青团第一次代表大会在重庆召开，苟永芳和饶耿之被选为团省委委员（1925年，社会主义青年团更名为共产主义青年团，简称共青团）。在团省委常委会上，宣传部长饶耿之指出："我们是布尔什维主义者，要誓为共产主义奋斗终生。……我们要坚信，中国革命也一定会胜利的。有了这个坚定的革命信念，任何风险都能顶得住。""川南农王"郑佑之在宜宾、荣县乡间的教师、学生、青年、妇女、农民中，广泛组织读书会、图书共阅会。通过阅读革命报刊，物色革命对象，培养积极分子。在他的努力下，李坤泰（赵一曼）、李绍唐、肖简青、李坤杰、李坤能、谢耿藩、雷本涵等一批先进分子入党入团，有力地推进了共产主义运动在四川的发展。

土地革命时期，川大学子不仅积极开展工农运动，更是拿起武器在农村进行武装斗争，真正走上了把马克思主义理论与中国具体革命实践相结合，探索中国革命成功的道路。1929年，曾莱在内江领导农运，内江农民称他为"曾圣人"，荣县农民称他为"农王"，是被公认的四川农民运动领袖。1933年，余宏文被调到邛崃、大邑开展游击工作，他组织的"川康工农红军游击队"，在邛（崃）大（邑）一带神出鬼没、四面出击，沉重打击了军阀的统治，配合了红军长征，四川军阀潘文华惊呼："赤化已深，恐成燎原。"由于叛徒出卖，余宏文被关进五通桥监狱。面对死亡，余宏文坚定地说："同志们，你们莫愁，革命的火是扑不灭的，革命者是杀不完的。"

"你看,黑夜沉沉的夜里,现出了锦绣河山;宇宙人间,变成了新的世界。可爱!可爱!灿烂的星辰,天空中不住闪耀;皎白的云裳,东方上透出了光明。真美丽呀!真美丽呀!照得那黑夜通红,催促人们革命前进!"①

土地革命时期的川大学子正像那沉沉深夜中的一簇簇火焰,不仅为中国革命照亮了道路,更让红色基因在川大代代相传。

《红旗漫卷:土地革命时期的川大英烈》分为上、下两编:上编属辞比事、彰善瘅恶,为土地革命时期的川大英烈修史立传;下编叙史见人、论史求通,记述土地革命时期川大学子的家国情怀与革命追求。治史之要者,盖通变与立名也。故于上编正传之外,别立附传,"寻附出之为义,攀列传以垂名"。附传中人物,或为川大英烈的同学师友,或为川大英烈的妻子儿女,附传于后,希望能丰满传主人物形象,传承革命薪火。一代青年有一代青年的历史际遇。时值建党百年,川大为英烈立传,缅怀追思,希望川大学子学史增信,牢记使命,发扬红色传统,赓续革命精神。

---

① 这是郑佑之为其创办的农民运动刊物《夜光新闻》所拟的发刊词中的一小节。

# 目 录

上 编　土地革命时期的川大英烈传　　001

　杨国杰传略　　003

　陆更夫传略　　010

　曾莱传略　　019

　郭仲纯传略　　027

　苟永芳传略　　032

　郑佑之传略　　038

　饶耿之传略　　045

　余宏文传略　　052

下 编　救亡中国，舍我其谁　　057

　大学与革命

　　——从《曾莱日记》看二十年代川大学子的家国情怀　　059

　　大学与进步思想的形成　　061

　　社会与革命的选择　　068

　从《灭亡》到《清泓》

　　——20世纪20年代川大学子的困惑与选择　　073

　　绝望感的剪影：两种观点　　074

　　生活的"激流"：小说中的困惑与坚守　　078

|   |   |
|---|---|
| 国中的"异乡":川大学子的信仰与追求 | 083 |
| 来自家庭的革命 | 090 |
|   郑佑之与李家 | 091 |
|   郑佑之与赵一曼 | 094 |
|   革命观念怎样在家庭中进行 | 097 |
|   一个家庭的改变 | 100 |
| 20世纪二三十年代川大人的革命选择 | 105 |
|   "到黄埔去" | 106 |
|   "到武汉去" | 113 |
|   "到延安去" | 117 |

上 编
土地革命时期的川大英烈传

# 杨国杰传略

**杨国杰**

杨国杰，又名杨申甫，1908年4月28日生于四川省梓潼县双龙乡池塘湾的一个农民家庭。父亲杨齐敬是乡村医生。他很希望自己的子侄能继承祖业，悬壶济世，拯救苍生。杨国杰自幼聪慧，过目成诵，父亲对其倾注心血，亲自教杨国杰研读中医典籍，举凡《黄帝内经》《本草纲目》《脉诀归正》《辩症奇闻》《八十一难经》等，杨国杰均一一熟读。16岁时，他已能对各种常见病、多发病对症下药。行医本为"济世救民"，可杨国杰眼见社会黑暗，不禁对行医产生怀疑。1924年夏，梓潼旱灾，农田龟裂，禾苗枯焦，许多地方颗粒无收，不少农民断口绝粮。加之瘟疫蔓延，民不聊生。当时的《中央日报》报道："（梓潼）全县无一处不受旱灾，以树皮草根白泥作食者约十八万人。……民食恐慌，已达极点……倘非亲历灾区者，将不信四川夙称天府之国，人民生活竟一降至于如此，恐直与阎罗鬼国相似矣。"面对灾情，四川军阀变本加厉，征派赋税，极尽敲骨吸髓之能事，百姓家破人亡、流离失所。时年17岁的杨国杰，尽管对社会黑暗还缺乏足够认识，但军阀置人民疾苦于不顾，已令他绝望。他深深地认识到，行医虽能解脱民众病痛，却不能从根本上救民于水火。他决心去县城读书，寻求真正能济世救民的道路。

1926年，杨国杰考入梓潼通儒小学。他第一次接触到"科学"和"民主"观念。梓潼是四川军阀田颂尧的防区，这里田赋沉重，寅吃卯粮，军阀拥兵暴虐，横行乡里。一次，驻扎在通儒小学的部队擅自将学校桌椅砸烂当柴烧，学校却不置一词。杨国杰非常气愤，一马当先，高呼："有胆量的随我来！"他带领同学质问驻军。在学生的质问下，驻军理屈词穷，不得不有所收敛。

1927年夏，梓潼城郊旱情严重，百姓忧心如焚，政府却置之不理。东坝百姓自筹资金，在青龙寺内唱戏祈雨，观者如堵。杨国杰假扮道士登台布道："明天一早，大家背上干枯的玉米秆到县政府去，要县大老爷设法救灾，如果他们敢阻拦或伤害你们，自有神灵保佑。"第二天，百姓果真照做。县政府大堂上，玉米秆堆积如山，县长周望希只好安抚百姓，发放救济物资。杨国杰遂扬名于乡里。

时值国共合作的大革命时期，受国民革命思想影响，杨国杰思想激进，父亲怕他生事，趁他毕业回家之机，匆匆为其完婚。但这并未留住杨国杰，他已决心到省城读书，去寻找济世救民的真理了。1928年，20岁的杨国杰考入国立成都高等师范学校（简称"成都高师"，是川大前身之一）附中时，正值四川省立一中校长杨廷铨被打死，三军联合办事处[①]出动大批军警，包围成都各大、中学校，逮捕进步师生，勒令省一中解散，袁诗荛、周尚明等14位党团员被杀害，时人称之"二一六"惨案，全川为之震动。杨国杰十分愤慨。他不愿做一个"两耳不闻窗外事，一心只读圣贤书"的迂腐之辈，决心从事革命活动。在党的培育下，杨国杰在政治上和思想上日趋成熟，他不顾个人安危，常常冲锋在前，与反动军阀进行针

---

① 由四川军阀刘文辉、邓锡侯、田颂尧在成都设立的联合机构。

锋相对的斗争。和他要好的同学劝他："你这样干，太暴露也太危险，还是注意点好！"杨国杰回答说："既要革命，不能前怕狼后怕虎，那会一事无成。"

很快，杨国杰成为成都市学运工作的骨干。在中共成都特别支部委员会（简称"中共成都特支"）的领导下，他的工作十分出色。他选择耳目众多的茶馆为联络点，每晚以亮灯为联络信号，参加者包括领导工、农、兵、学、商和店员的六个地下党组织的支部书记：李叔敬、杨泽民、李宗林、施久能、杨长久、杨国杰。会议内容包括汇报工作、交换情况、布置任务、确定下次碰头地点等。[①] 杨国杰在工作中，行动迅速，警惕性高。一次，杨国杰的同乡陈继武在春熙路的漱泉茶楼看见他散发传单，刚要打招呼，就已不见他的人影。和他一起从事地下工作的李亚群，也感到这个人，行动总是那么迅速、果断、勇猛，是一位纯朴勇敢的青年，一位无产阶级的好战士。

杨国杰在从事革命活动的同时，不忘学习马列主义经典著作。他通过同乡肖逸安，找来《向导》《中国青年》等进步刊物，认真研读。他十分注意联系民众，通过义务治病、义务写信、办夜校等方式，向工人群众宣传革命道理，发动、组织群众，投入反帝爱国斗争。1928年，杨国杰加入了共青团，并于1930年转为中共党员，后担任支部书记。在中共成都特支的领导下，他与刘披云、李宗林等成为成都革命运动的中坚人物。

1930年春，成都地下党开始筹划广汉起义。为了配合起义，杨国杰于4月份以学生会的名义组织进步同学去峨眉山徒步旅行。他们在旅途中开展革命宣传，传播革命真理。1930年8月，"反帝大同盟"掀起一场"反筑墙"斗争（即反对华西协合大学修筑围墙的斗争）。华西协合大学系英、美、加三国的五个基督教会共同决议创办，他们利用特权，勾结地方军阀，套购、估买、圈占大量土地，这使得华西协合大学从1910年创办时的

---

① 《英名传千古，虎穴斗敌顽》，载《成都市工人运动史资料之三十二》，1982年5月。

占地百余亩，到 1930 年已扩充土地达三千余亩。1926 年，这五个教会在南台寺至望江楼的大片土地上，修筑城墙，严设门禁，不准中国人随便出入，并雇用人员进行巡逻，企图使华西协合大学成为不受中国政府管辖的"特区"。围墙筑起后，成都南门外民众须绕道二十余里入城，致使民怨沸腾，群情激愤，教会方不得不拆毁围墙。

1930 年 5 月，华西协合大学美籍教授苏道璞在校内被人劫杀，这些教会便以防匪为名，重筑围墙。这种行径再次激起公愤。在中共川西特委的领导下，"反帝大同盟"召开成都各界民众反对南台寺筑墙大会，坚决进行"反筑墙"斗争。同年 7 月 24 日，"反帝大同盟"的 46 名代表在杨国杰的主持下，于盐道街省第一师范学校开会，作出十项决议：（一）通电全国；（二）组织"八一"示威；（三）援助殖民地革命；（四）支持苏联；（五）拥护全国苏维埃代表大会；（六）援助全国工农斗争；（七）援助全国米荒斗争；（八）反对军阀查封学校；（九）救济被捕青年；（十）参加自由同盟，反对白色恐怖。从这十项决议可看出，"反帝大同盟"的目标已不限于"反筑墙"，而是与全国的革命斗争紧密配合，成为党领导的土地革命的一部分。

会议进行中，由于青年党党徒告密，三军联合办事处军警团包围会场，不准继续开会。主持会议的杨国杰挺身而出，理直气壮地质问："我们是'反帝大同盟'的合法集会，讨论的是反帝爱国的问题，有什么罪过？为什么不能开会？"军警团以询问情况为名，将杨国杰逮捕。

在监狱中，面对敌人的威逼利诱、酷刑拷打，杨国杰毫不畏惧，反复质问："反帝何罪？爱国何罪？"他还指着审讯者的鼻子呵斥道："尔俸尔禄，民脂民膏；平民易虐，真理难欺！总有一天，你们会被推上历史的审判台，受到无情的判决。"[①] 经过三次会审，最后三军联合办事处临时执法

---

[①]《三军部指令枪决共党主席杨国杰，古长林被处无期徒刑》，载《国民公报》，1930 年 8 月。

处以"共产主席杨国杰……公然集会，提倡共产主义，组织武装暴动，意图颠覆政府，破坏秩序"为名，决定将杨国杰处死。①

1930年8月15日下午3点，22岁的爱国青年、共产党员杨国杰被枪杀于成都春熙路的孙中山先生铜像前。杨国杰就义前，给家人留下《绝命书》，内容如下：

父亲：

不孝的你儿已为大革命前驱，被万恶的K党军阀屠杀牺牲了。

我之牺牲，是为着全世界人民谋幸福，求解放而死的。他们要杀是杀不绝的，还有全世界的普罗同志在继续着我的精神。

我抱歉地是没有与你们留个孙孙，我死之后，请你老人家不要过分悲伤，因为你的儿子是很多的。燕氏不必尽陷在家里，可以另找别人。

这次事件共逮捕了十二个工人，九个学生（女两人），经三军联合办事处三次会审，俱无结果，判断不下来，现在决定将我枪决，因为我是主席。

父亲、母亲、幺叔父母、国栋、国锐、国钰，尤其是我妻燕氏，这是我最后一次和你们谈话了，是绝命书吧？哎哟，写到这里，我的手软了，血液沸腾了，再也写不下去了！

祝您一家和好，五世同堂！

逆子杨国杰跪禀
一九三〇年八月十五日

杨国杰的《绝命书》反映了革命者对信仰的忠诚，对父母的孝顺，对妻子的挚爱，对同志的责任，对兄弟姐妹的关爱，对亲戚朋友的眷恋，在

---

① 《成都省师校内捕去学生、工人确有反动嫌疑，但情节轻微者居多》，载《国民公报》，1930年8月。

家尽孝、为国尽忠，杨国杰的字里行间流露出革命者的家国情怀。写完《绝命书》，杨国杰提出不准脱掉他身上的红色背心。一队全副武装的军警，将他押赴春熙路。他双手被反缚，沿途高呼："打倒帝国主义！打倒帝国主义的走狗国民党军阀！共产党万岁！全世界无产者联合起来！"

杨国杰慷慨就义，遗体仰卧在血泊中，他的遗体紧靠着孙中山先生铜像石座上的"大道之行"四个石刻大字。广大民众，义愤填膺。当天夜里，不少革命青年，冒着"白色恐怖"的危险，带上祭品，向烈士告别。目睹杨国杰慷慨捐躯的李亚群，更是热血沸腾，夜不成寐，写下了充满革命激情的悼念诗篇《春熙路上的血痕》。

>……
>在孙中山的铜像面前
>砰！一颗罪恶的子弹，
>残暴地毁灭了
>我们的战士，
>我们的朋友。
>愤怒的火焰烧遍我全身，
>我恨不得一脚踢翻这万恶的地球！
>沸腾的热血要把我冲上霄空，
>我恨不得一手抓开自己的胸口！
>我几欲痛哭，狂呼！
>我几欲扑上去同他一起热血奔流！
>记住呀，你国民党军阀！
>记住呀，你帝国主义的走狗！
>记住呀，大家都记住呀，
>这是一九三〇年"八一五"午后，
>在春熙路上孙中山的铜像面前，

屠杀无产阶级的战士，我们的朋友
安息吧，你无产阶级的战士！
我眼见你的热血在春熙路上奔流，
从你左额喷出的那团鲜红的脑浆，
它将永远凝结在我的心头。

一九三〇年八月十五日晚于成都①

　　李亚群的这首诗，正如其诗《前记》所言："这不是诗，而是当时的一些激怒的语言的记录。"这"激怒的语言"，充分表达了千千万万革命者对国民党反动军阀的血泪控诉和对杨国杰的无限崇敬。在春熙路上孙中山先生的铜像前，革命精神永垂不朽。

---

① 《春熙路上的血痕》，载《草地》，1957年8月。

# 陆更夫传略

**陆更夫**

陆更夫，原名承楠，号梗夫，1906年10月生于四川叙永县叙永镇窝铅街。他的父亲陆晓晴是一名小学教师，全家近十口人，全赖其微薄的工资维持生计。陆更夫天资聪颖、勤奋好学，自小学至中学成绩优异、名列前茅。

1922年，陆更夫随叔父陆俊鸢到成都求学，考入国立成都高等师范学校附中。吴玉章时任成都高师校长，恽代英也从泸州来成都讲学，成都高师俨然成为西南地区革命思想传播之重镇。陆更夫在革命思想的熏陶下，倾向进步，以救国救民为己任。1923年，陆更夫加入社会主义青年团，积极从事革命活动。他与同学张子玉、岳凤高等共同创办《心波》《红涛周刊》，宣传革命真理。他在《故乡》一文中提出："要扫除妖气，重建家园，为建立一个平等、自由、博爱的新社会而努力！"在此期间，他常写信或寄进步书刊回家，鼓励弟妹"要吃得苦菜根，方能成为一个有用的人"。

1925年,陆更夫加入中国共产党。经组织推荐,他考入黄埔军校第四期政治科学习。受"黄埔精神"熏染,陆更夫自称"更夫"。有同学嘲笑他:"更夫者,打更匠也。"他笑说:"目前中国正需要广大打更匠彻夜巡逻,警惕匪盗、唤醒民众。打更匠何辱乎!"其立志如此。在军校,陆更夫经常受到周恩来、恽代英、叶剑英等人的亲切教导,革命意志越趋坚定。

1926年夏,随着北伐战争的开展,部队急需军事干部,陆更夫在黄埔军校提前毕业,被分配到国民革命军第四军叶挺独立团做思想政治工作。不久,他因身先士卒、表现英勇,升任连长。在汀泗桥、贺胜桥和攻克武昌的战斗中,他率领所部官兵英勇破敌,建立卓越功勋。

攻克武昌后,陆更夫被任命为中央军事政治学校武汉分校政治宣传科科长,负责编辑《革命生活》。该刊发表的反帝反封建诗文,深受校内外进步青年欢迎。同时,陆更夫还经常带领宣传队,在武汉街头作反帝爱国宣传。1927年初,在武汉人民收回英租界的斗争中,宣传队宣传有力,颇受群众欢迎。

1927年,蒋介石于上海发动"四一二"政变,陆更夫同蒋先云、陈赓组成"黄埔各届学生讨蒋筹备委员会"。该筹备委员会召开了有三十万群众参加的讨蒋大会。陆更夫在当天的《讨蒋特刊》上发表《在讨蒋大会里枪毙杨引之》的文章,他在文章中揭露了蒋介石的反动和罪恶,旗帜鲜明地喊出:"枪毙蒋介石!"此后,他又撰写《蒋校长哪里去了?》《斥蒋介石》《再斥蒋介石》等讨蒋檄文,有力地推动了反蒋斗争。7月15日,汪精卫在武汉叛变革命,中央军事政治学校武汉分校被迫解散。军校三千余名学生被张发奎改编为第四军军官教导团,陆更夫任一营二连连长。教导团在第四军参谋长兼团长叶剑英的领导下,经过长途跋涉,辗转到达广州。12月11日,陆更夫参加了张太雷、叶挺、恽代英、叶剑英领导的广州起义。在起义中,陆更夫任教导团一营一连连长,率部攻打广州市公安局,保卫长堤。陆更夫指挥全连战士兵分两路,在工人赤卫队的配合下,奋起冲杀，经过激烈战斗，攻占了公安局和保安队部，缴获大批枪弹，释放被敌人关押的数百名共产党员和革命群众。随即，他又率部参加保卫长堤的战斗，多次击退在帝国主义军舰掩护下企图从水上登陆的敌人。在整个广州起义的过程中，陆更夫始终身先士卒，沉着指挥，坚持战斗。据程子华回忆："广州起义中，陆更夫作战英勇顽强，做出了不可磨灭的贡献。"广州起义失败后，起义部队大部撤至花县改编，成立了工农红军第四师，陆更夫任红四师政治部主任兼十一团党代表。该师随即在徐向前的率领下到达海陆丰地区，与彭湃会合，参加了保卫海陆丰革命根据地的战斗。

1928年下半年，陆更夫被派往莫斯科，进入莫斯科中山大学学习。在校期间，他学习努力，成绩优异，受到师友的赞扬。在莫斯科，陆更夫结识了莫斯科中山大学同学张闻天、王稼祥、乌兰夫、孙冶方、叶剑英、许冰、王明、博古，以及国民党方面的蒋经国、张镇等人。此时，他与在莫斯科东方大学（莫斯科东方劳动者共产主义大学）学习的黄海明（黄火青的胞妹，曾任武汉纱厂工人纠察队训练班女生队队长）相识、相知、相恋，结成革命伴侣。

1930年底，陆更夫、黄海明夫妇先后奉命回国。陆更夫被中共中央北方局派去从事地下工作。1931年7月，他被调到中共上海中央局，在周恩来领导的中央军委工作。1931年10月，陆更夫任中共中央巡视员，赴两广检查军运工作。当时，在中共中央妇女部工作的黄海明，因怀孕留在上海。临行前，他将一只怀表留赠黄海明作纪念，谁想此去竟成永诀。

当时，两广白色恐怖严重，党组织多次遭到破坏，中共广东省委书记章汉夫被捕后，陆更夫被委任为中共两广省委代理书记。1932年3月，中共广东省委在香港召开常委会。因有叛徒供出开会地点，陆更夫（化名张清泉）及其他5名常委遂遭港英当局秘密逮捕，被关押于香港监房。他们在狱中团结战斗，港英当局多次审讯却一无所获。后经中共中央多方营救，香港互济会出面交涉，陆更夫等人始得取保释放。港英当局决定将其驱逐，5月6日，陆更夫等人乘意大利邮船赴上海，但港英当局同国民党串通一气，一面假意释放，一面将陆更夫等人所乘船名、起航时间通知国民党特务，并提供陆更夫等人的照片，以便特务随船盯梢。因此邮船刚到上海码头，陆更夫等人即遭逮捕。陆更夫先被关押在上海市南市公安局，后被转押到龙华监狱，最后被转至广州市公安局侦缉处。陆更夫在狱中虽遭严刑审问，却始终坚贞不屈，敌人用尽花招，都未能得到党的秘密。

1932年7月15日，陆更夫及同行的5位同志被敌人枪杀于广州东郊。他就义时，年仅26岁。据上海《大晚报》载："枪毙两广共产党省委书记张清泉（陆更夫化名）等一行，临刑慷慨激昂，高呼口号，从容就义。"

陆更夫的革命伴侣黄海明，1907年9月生于湖北枣阳。她在大哥黄山农、四哥黄火青、五哥黄民钦的影响下，接受了马克思列宁主义思想，开始投身于妇女解放运动。在家乡，她曾参加党领导的区妇女协会的创建工作，并任妇协主任。1926年，北伐军攻克武昌，中共湖北省委决定派她到黄埔军校武汉分校受训，并担任武汉纱厂工人纠察队训练班女生队队长。夏斗寅叛变后，武汉局势危急。黄海明被编入中央独立师补充二营，任女兵连连长。由于国共关系恶化，共产国际指示中共中央迅速武装五万名工农，中央军委决定选派干部去苏联学习，黄火青、黄海明兄妹同赴苏联。

1928年，黄海明在莫斯科东方大学结识帅孟奇，两人建立了一辈子的革命友情。也是在莫斯科学习期间，黄海明结识了陆更夫。陆更夫毕业于黄埔，能文能武，讲演很有热情，又写得一手好文章。两人在异国相恋，在帅孟奇等人的撮合下，这对中国革命青年在莫斯科结成伉俪。1930年，帅孟奇和陆更夫、黄海明夫妇先后回国参加革命斗争。由于工作需要，组织决定让黄海明在帅孟奇的领导下在上海做地下工作，任上海总工会女工部部长。陆更夫则被派去他地从事地下工作。1931年，中央调陆更夫到上海，在周恩来领导的中央军委工作。1931年11月，陆更夫任中央巡视员，赴两广检查军运工作。临行前，他把身边使用多年的怀表交给妻子，深情地说:"海明,想我的时候,把它拿出来看看,听着这清脆的表声,就像我在你身边和你说悄悄话一样……咱们都是革命者,我们的一切都属于党,属于人民。为了党的事业,我们都会毫不犹豫地献出自己的一切,包括幸福,乃至生命……"不想离别竟成诀别。

1932年3月,陆更夫由于叛徒出卖被捕。党组织虽多方营救,仍无法助其脱险,陆更夫在国民党广州市公安局受尽折磨,牺牲时年仅26岁。当时黄海明在上海红十字妇产医院生产,帅孟奇前去探望,向她转告陆更夫牺牲的消息,黄海明望着大姐的泪眼,坚定地说:"大姐,我要出院。我要去工作。"从此,黄海明母女与帅孟奇组成了新的革命家庭,帅孟奇当了"外婆",她们给孩子取名曼曼,意思是共产主义必将漫布全世界。

1933年春,上海地下党遭到破坏。黄海明、帅孟奇先后被捕,黄海明被押到南京国民党第一"模范"监狱,陆曼曼成为国民党的"编外"小囚犯。在狱中,黄海明与敌人斗争的同时,仍不忘学习,提高自身素质,她拜共产国际友人牛兰夫妇为师,学习外语。1937年,七七事变后,国共两党开展第二次合作,帅孟奇和黄海明先后获释。1938年,黄海明带着女儿,历经千辛万苦,到达延安。其后,黄海明进入中国人民抗日军事政治大学学习。一年后,黄海明任延安保育院院长,这是当时延安唯一的一所全托保育院,里面的孩子年龄参差不齐,小的不到一岁,大的五六岁,不少孩子是烈士遗孤,如方志敏的两个儿子、项英的儿女等。

1948年,黄海明任中共山东省委妇女委员会书记。新中国成立后,其任全国妇女联合会华东区工作委员会副主任。1952年5月和1953年2月,黄海明先后写了两封信寄到四川叙永,说明自己和女儿的情况。

承志、达夫二弟及承贵妹:

很惭愧的,自我与更夫同志结婚后,由于环境的关系始终没有与你们直接通过信,仅在岳凤高表弟处略知家庭情况,可是怕连累了你们,也不敢写信给你们。

我是一九三三年带着刚满周岁的孩子在上海被捕，后解押到南京判徒刑10岁（年），直到一九三七年七七事变才放出来。后到延安，在中央党校学习，看到岳虹表妹，还不知你们的情况。我在一九四〇年已经又结婚，生了一个孩子。自鬼子投降后，同后夫和长女、次子来山东工作，不巧到山东后，适敌人重点进攻山东，长女要求学，因战争不定，随（遂）携带长女、次子到东北，在那里住了两年，长女已初中毕业。她要到苏联去学技术，随（遂）在一九四八年春由哈尔滨往苏联学习，常有信来，请转告母亲不要牵挂，现代的儿女是社会上的一分子，只要她能学习技术，将来为人民服务，也就对得起她的先父了。

未见过面的弟弟妹妹，你们长期处在敌人的统治下，生活如何？你们都能念书吗？母亲今年多大年纪了，身体还健康吗？岳凤高表弟现在何处？以上的一些问题请来（信）告知为盼。

更夫同志的遇难情形待以后慢慢告知，往事不堪回首……

我现在山东省民主妇女联合会工作，以后希望常来信，将你们情形多告诉我一些，是我很需要的。

我并不是齐鲁大学的学生，而是一个初通文字的农村妇女，信有不周之处，请你们不要见笑。

即此祝母亲大人身体健康和你们努力。

黄海明
于（1952年）五月廿一号上

亲爱的母亲：

我在全国妇联开会之际，忽然接到你老人家的来信和像（相）片，使我说不出的高兴。但亲爱的妈妈，当我看完了你的信和像（相）片，使我不禁落下泪来。

妈妈！我不是无情人，我对更夫同志始终没有忘记过。只因我的身体年来多病，自顾不暇，故没有给你老人家写信去，请加原谅。

我和更夫同志是革命过程中的战友，也是患难中的好夫妻。他牺牲以后我不但没有消极态度对工作，相反的使我更坚强了，我步着他的后尘，踏着他的血迹，抱着对国民党仇恨的心情，为更夫同志报仇，担负起他未完成的事业。妈妈！我不是无情的人啊！请妈妈谅解罢。

曼儿去苏学习再有一年半即可归国，我想待她回国后，我同她一起回到叙永一趟，到那时我母子们再叙已往。你老人家的身体很健康，我们一定可以见面的。妈妈说，把全家聚在一起照个像（相）给我，我很高兴，最好把更夫同志的遗像也洗在上面。

妈妈！写到这里我心十分伤痛，暂时止笔。

儿黄海明（1953年）1/2

妈妈！希将信保存起来，将来给曼儿看。

黄海明与陆更夫的女儿陆曼曼，在党组织的关怀下，进入延安小学读书。据陆曼曼回忆，在延安的日子，是她青少年时代最幸福的时光。1945年，中共七大纪念革命烈士大会在延安召开，陆曼曼代表革命烈士子女作了发言：

……我是两广省委书记陆更夫的女儿。在我出世前，爸爸便被国民党动派杀害了。他牺牲时才26岁！……虽然我没见过爸爸，但我为有一位英勇的爸爸而自豪。……在上海做过地下工作的妈妈，后来也被捕了，妈妈带不满一岁的我，被押到南京国民党的监狱坐牢。那牢房只有一个很小的窗户，见不到太阳。妈妈只能把尿布放在身上暖干了再给我用……妈妈和许多难友在监狱里，受尽折磨，但仍坚持斗争，参加绝食等活动……直到抗战国共第二次合作，释放政治犯才被放出来。……在我们学校里，有许多和我一样的烈士子女，我们虽然没有了爸爸妈妈，但毛主席、共产党就是我们的爸爸妈妈。我们一定听党的话，好好学习，快快长大。把日本鬼子赶出中国去。打倒压迫老百姓的国民党反动派。为祖国和人民、为共产主义事业，也会和我们的爸爸妈妈一样，不怕牺牲……

陆曼曼泪流满面，台下许多人痛哭流涕。散会后，黄海明流着泪说："好孩子，真是爸妈的好女儿。"她的继父郭子化（中共早期党员，先后任七大代表、山东省副省长、卫生部副部长）也对她说："孩子，你讲得很好，你是更夫同志的女儿，也是我的好女儿。我一定和妈妈一起，把你培养成人。做一个对国家、对人民有用的人，好继承你爸爸未完成的革命事业……"陆曼曼的发言后在《新华日报》上全文发表。

陆曼曼大学毕业后，长期从事国防工业建设，曾参与中国第一枚火箭的设计研制工作，任发动机系统组组长。1986年，四川省叙永县第一中学举办85周年校庆，学校为陆更夫烈士塑了一尊汉白玉雕像。女儿陆曼曼给自己素未谋面的父亲写了一封信：

亲爱的爸爸：

这是您未见面的女儿第一次写信给您。

爸爸，在1932年您被捕后，您的妻子黄海明，万分焦急，到处奔走，导致她早产。不久，您在广州英勇牺牲的噩耗就传来了。妈妈急于出院投入战斗。于是，您在莫斯科的同学、妈妈的战友帅孟奇买了小孩衣物，把妈妈和我从医院接了出来，并用微薄的工资养活做地下工作的妈妈和我。从此，帅孟奇同志成了我的外婆。

不久，由于上海地下党遭到破坏，妈妈带着不满周岁的我，被关进了敌人暗无天日的囚牢中，妈妈受尽了折磨。妈妈既要应付敌人无止的审讯，参加狱中对敌斗争，又要照顾年幼的我。每天只能吃到一点发霉的饭，而我还要从可怜的妈妈的奶汁里吸取她勉强吞咽下来的东西，吃的、穿的，都是这个送一点，那个拿一点。在帅孟奇外婆、耿建华妈等革命前辈的关怀照顾下，我这个革命烈士的遗孤、监狱之花，才没有冻死饿死，活下来了。同志们在我这棵革命的幼苗身上，寄托了无限的希望，我是大家的女儿，是她们苦难生活中的一点安慰，也是彼此之间传递信息的助手。她们利用"放风"的机会轮换抱抱我，以便从我尿布里放进或送出信息。爸爸，是妈妈的共产主义信仰及您英勇不屈的革命精神支持着她，鼓舞着她，使她战胜了难以想象的苦难，熬过来了，是党把妈妈从敌人的魔掌中营救了出来。

1939年初，妈妈带我到了革命圣地延安，又投入党的怀抱。1945年，在党的第七次代表大会上，我代表烈士子女讲话，控诉了敌人罪行，立誓要继承父亲的遗志。爸爸，在党和人民的培育下，我成了一名光荣的共产主义战士。

爸爸，当我还是个顽童时，只要妈妈给我讲起你们在莫斯科学习时，由于成绩优秀，奖励你们坐飞机在蓝天上飞翔的情景，讲您英勇就义的情景时，我就变得非常乖。爸爸，我虽然没有见过您，（但）您是世界上最好的爸爸；对于妈妈，您也是世界上最好的丈夫。您爱您的妻子，您盼望见到您那即将出生的孩子，您会把伟大的父爱全部献给她，但您更爱人民，更爱共产主义事业。因此，当您被捕后，不管敌人是以高官厚禄来引诱您，还是用皮鞭、棍棒、烙铁拷打您，甚至打断了您的腰椎骨，使您连立直走路都不能啊！但，这一切都丝毫动摇不了您坚定的革命立场和共产主义信仰。您怀着共产主义必胜的信念英勇牺牲了。爸爸，您不愧为优秀的共产主义战士，人民的忠诚儿子！我为有您这样的父亲而感到自豪。

亲爱的爸爸，安息吧！我一定继承您的革命遗志，接过无数革命先烈用鲜血染红的共产主义旗帜，为祖国的四化建设，为人类最美好的理想——共产主义奋斗终身。

永远深深怀念着您的女儿。

曼曼　敬上
1986年12月20日[①]

---

[①] 叙永县档案史志局：《陆更夫传》，中共党史出版社，2018年，第178页。

## 曾莱传略

**曾莱**

曾莱，原名曾永宗，1899年11月30日生于四川荣县双石乡夏家村。他幼而好学，砥砺节操。在荣县中学读书时，学校没有体育器材，曾莱为锻炼身体，将操场上的木料作为体育器具，每日清晨扛着它们绕操场跑步，虽汗流浃背也不止。他嫉恶如仇，爱憎分明，像一团烈火。同学捕得一只小鸟，羽翼鲜明，声音婉转，围观同学赞不绝口。曾莱却挤进人群，夺过小鸟，说："这是食谷鸟类，留着干啥？"在年幼的曾莱看来，同学只知欣赏鸟的美丽，不能对益鸟、害鸟有所鉴别。曾莱的行为令很多同学钦佩，也使一些同学大为不解。曾莱敢作敢为，勇于任事，遇事亲力亲为。他亲自挑行李上学，见有同学上学让父兄挑行李，必出面阻拦，说："大少爷，忍心以父兄为牛马，将来定无恶不作。"荣县中学校长谷醒华听闻此事，颇为欣赏曾莱，称他为"少年子路"。

1919年3月，20岁的曾莱为"戊戌六君子"之一的同乡刘光第写下挽联：

逢比赇刑，岳于惨毒，叹前贤尚尔，君又何人魂魄如有声，应同正学先生矢口问成王安在？

汉唐锢党，五代清流，古圣贤如斯，而今再见国家方多难，敢效子胥故事留眼看越寇飞来。①

上联，缅怀刘光第惨遭杀戮，恨无周成王这样的明君可以实现复兴大业；下联，叹国家多难，恨不能效伍子胥故事，命家人抉目悬门以观今日腐朽政府之败亡。"诗言志，歌咏言"，曾莱借凭吊刘光第，抒发自己的爱国之情。他在日记中写道："国步艰难，强邻逼处，使不自由，人皆欲享渔人之利，余甚悲焉。"

1923年，曾莱中学毕业，考入成都高师理化部，成都高师校长吴玉章致力于启迪民智，几乎每个星期日都要为"高师校外同学会"作演讲，传播进步思想。曾莱每次必到，他对吴玉章的品格和学识极为仰慕，深受吴校长革命思想影响。伦理课上，陈希虞老师讲"时论与征服天然"一节时，痛陈中国毫无法纪，以为如此中国不如为英国占领，"事功必大胜于今日"。曾莱认为陈老师的想法过于天真："昔四川人深望北兵入川，然入川以及一年，成绩如何？除征粮责米外，川乱如故也。"他从切身经历出发，认为老师的观点是不对的，"条顿民族之精神为战胜天然，故办事有手续，且步步为营，反客为主，且精神不已"，值得国人学习，"至望中国亡，而一再反之说，吾不采哩"。②曾莱在成都高师学习期间，见闻日广，视野愈见开阔，独立之思想，自由之精神悄然而生。

曾莱对国家衰落、军阀混战深为忧虑。1924年5月9日是"国耻纪念日"，在成都高师学习的曾莱发现川人对此相当漠视，毫无感触。一些同学气愤地说："中国人近来都极端不要脸，什么叫耻？他们早已不知耻

---

① 荣县政协文史学习委员会等：《荣县文史资料选辑（第15辑）》，内部资料，1999年，第26页。

② 荣县政协文史学习委员会等：《荣县文史资料选辑（第15辑）》，内部资料，1999年，第83页。

了……"又有人说:"中国与其存不如亡,就是亡了,也不至像今天这样恼火。"这些话深深地刺激了曾莱,他说:"这真是莫名其妙!今日中国,非有两个真心为善,没有名利观念存乎其中,没有人我观念存于心中,更没有不逾分、不越规的人办不好。唉!这种人今天真难找了。"① 但是这样的人就在他身边。1925 年,曾莱的挚友陈自能、徐积光决定投笔从戎,奔赴黄埔军校,投身革命洪流。1925 年,革命军东征陈炯明。在东江战役中,陈自能、徐积光身先士卒,英勇杀敌,不幸牺牲。噩耗传来,乡人莫不悲痛。1926 年,曾莱征得荣县教育界较有声望的赖君奇老师同意,在荣县中学为陈自能、徐积光两烈士举行了隆重的追悼会,与会同学达数千人,气氛肃穆。

1926 年,张博诗、苟永芳在成都高师成立"导社",传播马克思主义思想。曾莱参与其间,深受影响。他意志坚强、身体力行,无论是在荣县还是在成都,凡群众运动,都踊跃参加,是学校有名的积极分子。他善于宣传,每逢假期回乡,便手握小旗,到处给乡亲讲演。他的演讲深入浅出、通俗易懂,很有吸引力。一次,他约集成都各校荣县籍同学在成都高师开会,宣讲建立组织、发动革命之事。这与一般同学联络乡谊、砥砺学行的想法大异其趣,但他认为救中国必须身体力行、发动群众。

1926 年 10 月,北伐军攻下武汉,曾莱与同学罗纲举东下投军。欢送会上,二人慷慨激昂,振臂宣讲,视近在眼前的毕业文凭为无足轻重之物,号召同学投身革命。到武汉后,曾莱未能考入军校,但他毫不气馁,加入张发奎的学生军,后在河南确山作战时负伤。1927 年,曾莱与罗纲举进入武汉农民运动讲习所,研究农民问题,结业后参加广州起义。广州起义失败后,他回到四川旭阳中学任教。

1928 年 9 月,曾莱正式成为中共党员,负责荣县东路各乡农运工作。

---

① 荣县政协文史学习委员会等:《荣县文史资料选辑(第 15 辑)》,内部资料,1999 年,第 76 页。

由于缺乏经费，中共荣县委决定向恶霸地主筹款。中共荣县委书记程慕仁提议向他堂叔程三爷筹款，这个任务交给曾莱负责。曾莱很好地完成了任务，筹款700元现洋。1929年，荣县高山铺农民掀起反牛头税斗争，土豪劣绅联合荣县当局将抗税积极分子陈国情、龚泽然、王栋廷等人抓捕，曾莱在中共荣县县委领导下，组织几千农民围住荣县当局公署，要求放人。在雷马屏峨屯殖军出兵弹压未果后，荣县当局释放了此前所抓人员。曾莱在荣县广大农村燃起了革命的熊熊烈焰。其农运工作成绩显著，人称"农王"。

1929年秋，中共自贡特别区委调曾莱任中共内江县委书记。他到内江后，根据群众的迫切要求，开展秋收抗捐斗争。10月，杨家乡农协会负责人向荣县当局要求免收5亩以下土地的捐税，遭到拒绝。曾莱便组织农民三千多人声援农协，荣县当局长官狼狈逃走。为配合抗捐斗争，曾莱成立清算委员会，揭发政府官员贪污团练经费，迫使内江县（今内江市）当局到杨家乡查账，抗捐斗争取得胜利。

曾莱领导农运，善于做宣传鼓动工作。他编的《农民四季苦》歌谣，深受农民喜爱，在内江农村广为流传，其内容如下：

春

春来花开满林，米口袋撅紧，无心去观春。工农同志要谋生，军阀应打倒，土豪要肃清。同志们，下决心，努力前进，革命大功，即将告成。

夏

夏日田中谷子黄，拌桶乒乓响，可望吃芒芒。背时军阀真堪伤，捐款多花样，催兵如虎狼。挑黄谷，折苛捐，五拖六抢，看着看着，抢得精光。

秋

秋来桂花满园香，军阀又打仗，人民遭大殃。丘八爷，下四乡，挑拍拉汉子，陪睡女娘。倘若不依从，要扳要辇，钢枪一响，命见无常。

冬

冬日天寒雪花飘，年关已将到，心里又慌又焦。儿啼饥，女号寒，衣服当完了，红苕没一条，债主家中逼，如何是好！起来革命，才有下场。

这首歌通过描写农民春夏秋冬的生活，写出农民啼饥号寒、艰难度日的苦况。曾莱认识到只有唤醒民众，革命才有出路，他发动农民，实行土地革命。内江农民称他为"曾圣人"，荣县农民称他为"农王"。"广东有彭湃，四川有曾莱"[①]，他被公认为土地革命时期四川农民运动的领袖。

1930年6月，中央作出决议《新的革命高潮与一省或几省的首先胜利》，提出"会师武汉，饮马长江"的全国总暴动计划。7月，中共中央长江局在武汉建立，直接领导中共四川省委工作。由于万县是川东门户且与鄂西接壤，这里便成为中共中央长江局和当时设在重庆的中共四川省委联络枢纽。9月，中共四川省委在万县成立下川东特委。曾莱被派往云阳县云安盐场。盐场是驻下川东军阀军饷的重要来源之一，负责盐场护井的警备大队武力较强，下川东特委决定掌握这支武装。曾莱化名兰瑞卿，任警备大队副队长，积极开展兵运工作。由于有人叛变，下川东特委遭到破坏，曾莱当机立断，逃离云阳，连夜转移到川东北的梁山县。1931年春，曾莱任中共梁山中心县委书记，负责梁山、达县、宣汉、万源、开江、大竹等地的革命工作。由于犯了"左"倾错误，四川各地武装起义先后失败，曾莱根据切身经验，提出创建梁山革命根据地。其理由有四：其一，虎（城寨）、南（岳场）地区农民运动基础很好，不仅在大革命前后受到党的教育，而且经过邝继勋和三路红军游击队两次起义的战斗洗礼，受过

---

① 谢鸣明：《曾莱四川农民运动的杰出领袖》，《自贡日报》，2012年10月9日。

革命战火考验；其二，前两次起义虽遭失败，但群众增长了对敌人的阶级仇恨，增强了对敌斗争的本领；其三，虎（城寨）、南（岳场）地区是刘湘、刘存厚两个军阀盘踞的边缘结合部，由于军阀内部存在矛盾，互不协调，革命发展有机可乘；其四，虎（城寨）、南（岳场）一带，山岳横亘，以百里槽为中心，东经凉风垭、马厂梁直到开江、开县，西经旋顶山、蒲包山直插大竹县境，几百里间，高山峡谷，纵横交错，山高路陡，森林茂密，历史上曾是农民起义军出没之地。曾莱认为广州起义之所以失败，是缺乏农村革命根据地、缺乏农民斗争的配合。荣县、内江的农民斗争证明，农民运动没有自己的武装力量不能成功。中共四川省委对曾莱的提议非常重视，派特派员程子健到梁山巡视，认为计划周密、谨慎、实在，完全同意曾莱建立梁山革命根据地的计划。经过几个月的艰苦努力，曾莱终于在梁山、达县交界的虎城寨、南岳场、大树坝建立了赤色根据地。

中共梁山中心县委成立后，曾莱还组织成立了川东游击队和赤卫队，恢复和发展了农会，并紧密结合农民的切身利益，鼓动农民反对苛捐杂税，并以游击队为骨干，公开破仓分粮。游击队团结农民，机动灵活地开展斗争，梁山根据地日益壮大，为建立川陕革命根据地创造了条件。进驻梁山的军阀旅长许绍宗在给刘存厚的报告中写道："梁地多山，素为匪徒盘踞，加与达、宣、城、万、邻、开等地接连，成了四通八达的要道。共党在川东除了重庆是政治、交通、商业的中心认为非常重要外，可以说梁山是第二个要地。同时梁地多匪，民众多为匪所赤化。有些地方民众是受压迫参加的。军队来剿，匪徒便是良民。并且彼清此窜，根本无法剿灭。由于这些，共党乘机利用，实行破仓分粮或游击战争。……前几年曾发生过暴动，最近计划'八一'暴动，占据虎城场，组织苏维埃。"[1] 许绍忠的报告正反映了曾莱在川东开展土地革命的成效。

---

[1] 荣县政协文史学习委员会等：《荣县文史资料选辑（第15辑）》，内部资料，1999年，第51页。

1931年秋，正当梁山根据地迅速发展之时，曾莱不幸被隐藏在中共梁山中心县委的内奸金方勋、吴光辉残忍杀害，尸体被埋在梧桐树下，时年32岁。

曾莱的革命伴侣为杨婉若，其原名杨熙蓉，江津石门场人，于重庆西南高中毕业。杨婉若学生时期受革命思想影响，入党后在重庆与曾莱结为夫妻，在重庆南岸从事革命活动。1930年冬，中共四川省委决定成立中共川东特委，并任命苏幼农为中共川东特委书记，杨婉若为其秘书。杨婉若在特委机关勤恳工作，处处谨慎小心，绝不参加无谓的社会活动。1930年8月，四川第三路红军游击队远征忠县、石柱失败，加上党内"左"倾路线影响，革命队伍内部思想混乱。曾莱和杨婉若根据中共四川省委指示，成立中共梁山中心县委，曾莱任书记，杨婉若为妇女部部长，领导梁山、达县、开江、宣汉、大竹、万源等地的革命斗争。杨婉若长期在大中城市生活，下到农村却毫无怨言，兢兢业业、尽忠职守。她化名刘万若，换下旗袍，辫起头发，背着背篼，装成回娘家探亲的妇女，从事妇女运动工作。一次，曾莱到沙石坎，看见杨婉若穿着粗布衣服劳动，开玩笑说："你这下子真像个农民的媳妇，'农王'的女人了！"杨婉若白天和农民一道搞生产，做家务；晚上开办农民夜校，宣传党的方针政策。杨婉若在夜校，经常教农民唱歌，如《打倒列强》《打倒军阀》《庄稼佬》等。

她还仿照曾莱在荣县搞农运时作的《四季歌》，编写了《十二月里》，词曰：

> 正月里来是新春，土豪门上挂红灯。
> 穷人上前送大礼，怕的田地种不成。
> 三月里来是清明，土豪劣绅拜祖坟。
> 穷人没钱买纸张，辜负娘爹养育恩。
> 五月里来端阳节，土豪劣绅糯米白。

三角粽儿多么美，穷人要吃又没得。

……

曾莱牺牲后，杨婉若与数百名农协会员一起为曾莱举行追悼大会，并发誓："抓住金方勋为曾莱同志报仇，为党和人民除害！"1931年12月，杨婉若在联升寨不幸被金方勋带领的民团包围。被捕后，杨婉若受尽酷刑，却绝不屈服。她说："请你放心，汉子做事汉子当，我杨婉若是共产党员，不是没有脊梁骨的狗。"几天后，杨婉若被送至达县，在达县城外雷音铺牺牲，时年24岁。

此外，还有曾莱的革命伙伴罗国光，其参加革命后改名罗湘，是四川省荣县程家场人。他少年时勤奋读书，毕业于荣县中学，与曾莱、余宏文是同班同学、读书会会友，较早接受了《新青年》《新潮》等刊物所宣传的进步思想。

1923年，罗国光考入成都高师化学系。成都高师校长吴玉章亦是荣县人，他每星期日在明远学会举行讲演，宣扬马列主义思想，任人自由听讲。罗国光、曾莱从未缺席，他们由此坚定了革命理想。在五卅惨案发生后的反英、反日运动中，罗国光同曾莱发动同学游行示威，起到了积极作用。

1925年，经吴玉章介绍，罗国光参加共产党。他与同学曾莱一起回乡组织农民协会，开展农民运动，成为荣县的农民运动的组织者和领导者之一。1926年，党组织派罗国光到重庆中法大学报到。此时，吴玉章已改任中法大学校长，他推荐罗国光去中央政治军事学校武汉分校学习。到武汉后，罗国光加入学校教导营，参加了南昌起义。此后，党组织又将其派往湖北襄樊一带的大小洪山地区组织农民暴动，任前敌总指挥。后罗国光被国民党二十军追捕，不幸被杀害于万县，年仅25岁。

# 郭仲纯传略

郭仲纯，字祝霖，化名郭志平。1909年，他生于四川彭山县公义乡，7岁入学，勤学好问，成绩优异，于1923年考入眉山联立中学。1926年，他以优异的成绩考入成都高师国文部，与同寝李清玉（蕴璞）、杜仲陵等结成好友，过从甚密。1926年12月，郭仲纯由成都高师同学李清玉介绍，参加了中共外围组织——导社。在学校里，他同省立第一师范学校的学生黄天泽、敬业学院初中部的学生张用之等人组织成立读书会，学习马列主义经典著作，探寻革命真理。寒假期间，郭仲纯积极开展农会工作，每逢赶场，就在街头巷尾演讲，宣传进步思想。在广泛宣传、提高农民认识的基础上，他积极组织和发展农民协会。他还和观音梓桐官小学教师洪文渊、张凤舞等兴办平民夜校，动员农民入校学习。他们常结合政治斗争，教农民识字、唱歌等。为办好夜校，郭仲纯还编写歌谣用来作为教材。他按照春夏秋冬季节变换，写歌谣描述农民的悲惨生活，号召农民革命，深受农民欢迎。歌谣如下：

春

春季到来闹饥荒，农民喝菜汤，饿得皮包骨，求亲找友急忙忙，借到三斗谷，栽插几亩秧，勤施肥催苗壮，盼望秋后，过上一点好时光。

夏

夏日田中麦子黄，拌桶乒乓响，可望喝稀汤，背时军阀真凶狠，捐款多花样，催丁如虎狼，挑麦子折苛捐，五施六抢，捉到整得精光。

秋

秋来桂花满园香，军阀打恶仗，人民遭大殃，丘八爷爷下四乡，挑拾拉夫子，陪睡拖大娘，倘若是不依从，要扳要擎，钢枪一响，命见无常。

冬

冬日寒霜雪狂，老板喊算账，红苕没一条，横思想，顺思量，如何是好？起来革命，才有指望。

他还写了题为《庄稼佬》的歌谣：

红日升天未晓，庄稼老汉起来了，出门去忙得不开交，哎哟，哎哟，出门去忙得不开交。

一年累得不得了，挣钱儿享不到，遭强盗抢去了，哎哟，哎哟，遭强盗抢去了。

帝国主义大强盗，军阀就是第二号，庄稼佬怎么开交？哎哟，哎哟，庄稼佬怎么开交。

这些东西打不倒，庄稼老汉活不好，一辈子不得伸腰，哎哟，哎哟，一辈子不得伸腰。

若是一齐打倒了，庄稼老汉快乐逍遥，庄稼老汉快乐逍遥，哎哟，哎哟，庄稼老汉快乐逍遥。

1927年2月，郭仲纯领导彭山县农会在公义场召开大会，声讨县长李瑶加重粮税，横征暴敛，打死为民请命的张卓宣的滔天罪行。参加大会的群众有千余人。会后，他们还演出了由郭仲纯编的活报剧《枪毙李瑶》，台下群众无不拍手称快，齐声高呼："打倒贪官污吏！枪毙李瑶！"抗捐口号震耳欲聋。中共成都特别支部派李清玉到彭山县协助郭仲纯工作，经过一段时间的考验，郭仲纯被吸收加入中国共产党。1927年冬，郭仲纯回到彭山县公义场，根据中共四川临时省委拟订的四川暴动计划，同农协负责人郭祝三、刘卓如等组织农民武装。他们首先发起组建青年互助社，由郭仲纯任社长。之后，他们以青年互助社社员为骨干，在全县组织起农民武装一千余人。1928年1月，青年互助社社员黄仁杰、李文英在观音乡散发传单，不幸被捕。郭仲纯带领农民武装，手持长矛、锄头、扁担，抬着土炮，营救黄、李二人，取得了斗争胜利。同年冬天，公义乡民团乱派冬防牛捐款，农民怨声载道，公义乡农会支队长连春廷因拒绝交纳捐款，被团丁关押。郭仲纯积极组织农民抗捐，带领农民武装三百余人向公义场民团发起进攻，团丁溃散逃命。抗捐斗争激发了农民的热情，树立了党在农村的威信。郭仲纯在《向导》周报看到毛泽东的《湖南农民运动考察报告》一文，激动万分，向农会骨干宣传说："湖南农民运动搞得好伟大啊！就连两口子打架都要找农会解决……"他决心把彭山农民运动搞得像湖南那样。

1929年1月，中共四川临时省委书记穆青主持召开"上川南联席会议"，郭仲纯参加会议。穆青传达了中共"六大"精神，对全川政治形势作出分析并指出："各地要深入发动群众，开展和坚持武装斗争，以武装斗争摧毁一切反革命势力。"会上，郭仲纯详细汇报了彭山县农会组织的情况。会议认为，彭山农民运动搞得比较好，可以发动农民武装起义。1930年7月，中共四川临时省委决定实行川南暴动。11月12日，彭山县农会组织暴动，公义场小学门口贴着"热血愿为群众洒，快刀须向土豪架"的对联，参加暴动的农会成员千余人汇集在操场上。动员会上，郭仲纯发表讲话，揭露军阀专横、官吏贪污、豪绅压榨农民的罪恶事实，控诉了劳苦大众受剥削、受压迫的苦难遭遇，号召大家要团结起来，拿起武器，消灭地主豪绅，推翻反动统治。会后，农民起义队伍立即上街游行，高呼口号："拥护苏维埃政权！实行土地革命！反对军阀混战！打倒贪官污吏！打倒土豪劣绅！"农民起义队伍还烧掉了征粮处的粮簿。刘文辉的二十四军立即对其进行镇压，由于敌我力量悬殊，农民暴动遭到失败。党组织随即令郭仲纯转移到青神县莲花乡，后又让其转移到眉山县（今眉山市）娴婆乡华头村。1931年，农民运动处于低潮，郭仲纯调往中共四川省委工作，任共青团四川省委组织委员、四川团省委常委。

1932年冬，郭仲纯到三台县巡视工作，分管中共三台中心县委组织工作。1933年6月，郭仲纯到三台县北区巡视工作，因对情况不熟悉，引起当地团防队注意，被其逮捕。由于叛徒出卖，郭仲纯被送至二十九军"剿赤"青军团关押审讯。狱中，他多次被刑讯拷打，均未暴露组织和出卖同志。1934年春，同监的敬成基、梁松乔、杨光大获释出狱，郭仲纯赠诗二首：

禁门深锁气难平，夜话连床梦不成。苏武有心持汉节，弦高无音犒劳军。金固锻炼归良冶，身为淹留负隅耕。散尽千金君莫借，明朝屈指计归程。

一年禁地几迁回，皂角城头晚吹哀。且看离人分手去，无端愁思拂心来。风云处处惊消息，烟火层层冷劫灰。行矣前途珍重好，莫将壮志没蒿莱。

郭仲纯被监禁了一年四个月，受尽酷刑折磨，始终坚持革命立场，毫不动摇。1934年11月，他被敌人用大刀断尸于三台县城西门外牛头山下，时年25岁。

郭仲纯的革命挚友李蕴璞，苍溪县陵江镇人，名清玉，号文朴、醒众。他幼时读私塾，后转入苍溪县立高等小学，1922年7月考入成都高师附中，并许下宏愿："天下大乱，男儿怎能独坐书斋，必起而振之而心安！"中学毕业后，他进入成都高师国文部深造，受学校进步思想影响及爱国风气熏陶，成为中共外围组织"导社"的骨干分子及负责人之一。他主办《曙光》壁报，积极宣传进步思想。1926年，李蕴璞经张博诗、苟永芳介绍，在中共成都市委委员李正恩的监誓下加入中国共产党，成为广元的第一位中共党员。1928年，李蕴璞在成都高师求学期间，写下《劣币歌》，轰动全国。

1928年，刘文辉、邓锡侯、田颂尧联合制造了"二一六"惨案，李蕴璞也在通缉之列。为保护李蕴璞，党组织派他前往彭山县帮助郭仲纯搞农运工作。之后，李蕴璞潜回成都。此时，中共四川临时省委、川西特委和成都高师内的党组织均遭破坏，他寻找组织无果，只好辗转回到苍溪，一边任教，一边宣传革命。

李蕴璞先后辗转江油、三台、涪陵、中江、彭山、新都、剑阁、成都教书，宣传和平民主，反对内战卖国。1932年，他率学生代表到苍溪县政府请愿，迫使县长钟英将阻止学生游行的团练队长撤职。1938年，李蕴璞在中江以读书会的名义，支持地下党员与进步学生。后来，他曾帮助廖承志安全通过苍溪，又帮助胡耀邦顺利瓦解九龙山土匪。

新中国成立初期，李蕴璞被推任为苍溪县解放委员会主席、人民政府副县长。1984年，时年82岁的李蕴璞写下《甲子抒怀》，诗曰：

今年岁次甲子，六十年一元更始，九州地万象更新。予已八十二岁，寿登耄耋，还在修文编史，此乃国之大业，不朽之盛事，何能胜任？然深感今日形势大好，局面创新，近景如画，前程似锦，亦当鞠躬尽瘁，死而后已。故赋此诗，以明吾志。

花甲更始庆长春，寿登耄耋喜逢辰。
红旗导向形势好，大道辟开局面新。
权衡利弊复鉴古，斟酌得失始知今。
修史鉴治若日短，余热照我寸草心。

# 苟永芳传略

**苟永芳**

苟永芳，曾化名方明、方铭、王明远、尹大成。1908年，他生于四川自贡市贡井区鹅儿沟，父亲苟建文是一名理发匠，常年在筱溪、新拱桥等地设担营业，母亲早丧，一家人家境贫寒、艰难度日。苟永芳在弟兄中排行第三，由二嫂苟明叶抚养长大。苟永芳自幼聪颖，4岁入村塾学习，6岁进教会"福音堂"读初级小学，毕业后进入自流井雨台山的华西高级小学校。这是基督教会开办的学校，可贷款就学，但条件是毕业后服务教会。苟永芳由于孤苦贫寒，选择贷款就学。1918年暑假，校方着手培修校舍，其未经通告即毁门入室，致师生衣物丢失。师生代表向校长加拿大人白达交涉，要求赔偿，白达竟称："总是中国人偷的，我是外国人，不负赔偿责任。"于是学生推举苟永芳、张博诗为代表，向校方开列失物清单，要求赔偿。白达悍然不理，并以停课相威胁。学生结队向自贡法院控诉，法院却答复"中国法律管不了外国人"，因而拒不受理。校长白达则强令罢课学生离校，要求凡贷款学生必须全部退款。苟永芳、张博诗等八九十人在老师的帮助下，先组织露天上课，后转入东新寺小学读书。在这次斗争中，苟永芳亲眼看到国家是何等孱弱，帝国主义分子又是何等猖獗，同时也深深地体会到人民群众中蕴藏着的巨大力量，其只要能觉醒，就能主宰自己的命运。

1919年，五四运动爆发，自贡民间发起号召，组织"国民外交后援会"和"学生联合会"。11岁的苟永芳积极投身反帝反封建的革命洪流中。苟永芳虽瘦小，但满腔热情，在街头、茶馆向群众演讲。每当他讲到"我们中国受到列强压迫，将要被日本帝国主义灭亡，我们中国人誓死不做亡国奴"时，满腔悲愤、声泪俱下，听者无不为之动容。

1922年，苟永芳在东兴寺小学高小毕业前夕，适逢恽代英离开泸州川南师范学堂到成都高师任教，绕道自流井在东兴寺小学做了一次鼓动人心的宣传讲演。苟永芳听后，心潮澎湃，十分激动。他联想到自己苦难的童年，回忆起五四运动以来的斗争生活，初步懂得了劳动人民为什么这样穷，祖国今日为什么这样弱。他认为只埋头读书，解救不了家庭的贫困，更挽救不了民族的危亡，只有打倒军阀，打倒帝国主义，才能从根本上解决家贫国弱的问题！恽代英的讲话为他指明了道路。

1922年秋，苟永芳考入荣县中学。荣县中学是一所进步学校，吴玉章曾给该校赠送了不少马列主义书籍，苟永芳借管理图书之机，如饥似渴地阅读了《创造》《新青年》等进步刊物。从这些书籍杂志中，他知道了俄国十月革命，初步懂得了阶级和阶级斗争的革命道理。这段时间，苟永芳认识了曾莱、余宏文等进步同学，与他们互相启发，互相砥砺，矢志革命，再造中华。苟永芳学习刻苦，成绩优异，思想进步，又善于团结同学，被同学推选为荣县中学学生会和荣县学联主席。此时，大革命浪潮滚滚而来，"打倒军阀！""打倒帝国主义！"的口号响彻古城，苟永芳和同学们一起宣传革命，宣传孙中山"联俄、联共、扶助农工"的三大政策，宣传打倒帝国主义，宣传提倡国货。他们的宣传形式多样，群众喜闻乐见，成效很大。

1926年，苟永芳考入成都高师英语部。时值大革命时期，共产党在成都高师组织了一个政治社团，名曰"导社"，领导人是张秀熟、袁诗荛等进步师生。苟永芳、张博诗及自贡同乡王楠、张湘、罗继宭、艾宇眉等纷纷加入导社。苟永芳积极参加导社各项活动，很快成为骨干成员。9月"万县惨案"发生，英国军舰炮击县城，杀人无数。中共四川省委组织"万县惨案雪耻会"，华西协合大学师生开展了"退学"运动；苟永芳等积极响应，通过导社团结校内外进步师生，开展"反英""雪耻"运动。1927年1月，汉口、九江工人收回英租界，各界民众一片欢呼，苟永芳和导社同学更是振奋。不久，重庆刘湘、王陵基制造"三三一"惨案，国立成都师范大学的导社和国立成都大学的"社学研究社"等进步社团（1926年，成都高师析为两校，一为国立成都大学，一为国立成都师范大学），纷纷发表宣言，声讨国民党新军阀。1927年，蒋介石背叛革命，大肆屠杀共产党员和革命群众，苟永芳等进步师生积极开展革命斗争，相继组织了五一劳动节纪念活动、抵制使用邓锡侯所造银元的"反对劣币"斗争，以及反对教育厅厅长万克明缩减教育经费的"争取教育独立经费"斗争。1928年1月，苟永芳加入中国共产党，任共青团川西特委书记。1928年，省立一中学生为反对新任校长杨廷铨接管学校，将其打死抛入井中。2月，军阀邓锡侯、田颂尧、刘文辉组织"三军联合办事处"，对革命师生进行血腥镇压，将中共川西特委宣传部部长袁诗荛、"导社"负责人张博诗等14名中共党员及共青团员逮捕杀害，时称"二一六"惨案。苟永芳因外出，幸免于难。

大革命失败后，由于敌人疯狂镇压，加之党内出现错误路线，革命斗争十分艰苦，成都各学校的进步学生组织均遭破坏，但苟永芳并不气馁，脚踏实地地将其恢复起来。他对同志总是和蔼可亲、循循善诱，在工作中总是勤勤恳恳、吃苦耐劳。青年们都很喜欢和他接近，心里有什么话都愿意向他说。工作上遇到困难、感到苦恼的时候，只要一听说"方明"同志来了，大家顿时喜笑颜开，争相向他倾吐衷肠。他总是以商量的态度和战友们谈他的看法，受他领导的青年工作者都乐意执行他提出的要求，自觉地去完成他布置去的任务。正如"导社"的故旧后来称赞的那样："苟永芳像一头骆驼，能负重远行。征途迢迢，艰苦卓绝，他总是一切服从党的需要，不提个人的任何需求，一步一个脚印地向前迈进，再困难的时候，他都对党忠贞不渝，对共产主义事业充满必胜信心。"

"二一六"惨案后，中共川西特委调苟永芳到乐山从事地下工作，化名为尹大成，奔走于眉山、夹江、犍为等地，并深入到五通桥、牛华溪盐场从事工人运动。他虽然身体瘦小，却从不怕苦，经常同工人一起车水、挑水，同熬盐工人在盐锅边促膝谈心，耐心、细致地启发盐业工人的阶级觉悟。一次，苟永芳在去盐场途中，遭到军警搜查，眼看随身携带的党的文件要落入敌手，他机智地将文件塞入口中囫囵吞下。虽然军警将他逮捕，但却拿不出证据。不久，在曾莱等人的营救下，苟永芳获释出狱。

1928年10月，苟永芳调任中共川东特委宣传部部长兼共青团川东特委书记。他坚决执行党的"六大"决议，积极开展工作，川东团组织得以发展壮大。1929年10月，共青团四川省第一次代表大会在重庆召开，苟永芳在大会上作筹备工作报告，大会选举他为团省委委员。1930年8月，中共四川省"行动委员会"成立，苟永芳任秘书，领导成都北门外独轮车工人的罢工斗争。中共四川省"行动委员会"撤销后，他又担任共青团四川省委书记。苟永芳在青年同志中享有盛誉，他被称为四川共青团杰出的领袖，是"少共三杰"（苟永芳、饶耿之、余冶平）之一。

1932年，苟永芳目睹当时处于险境的四川地区革命形势，曾大声疾呼："为什么暴动一次失败一次?!"可惜由于历史局限，中共四川省委无法从政治路线、斗争策略上找到圆满答案。1933年，苟永芳任中共四川省委宣传部部长，继后又任代省委书记。中共四川省委许多宣传鼓动的小册子，都是他亲自撰写的。8月1日，他到少城公园参加省委常委会议，由于叛徒的出卖，不幸被捕。

被捕后，苟永芳被关押在成都警备司令部监狱，遭到敌人酷刑逼供、利禄引诱，苟永芳均不为所动。苟永芳被关进死牢，仍和往常一样，从容大度，谈笑自若，他戴枷艰难习字、写作，草就遗书，托人传到监外。他致书其父："儿将被屠杀，父勿悲而忧无子，共产党终必成功，继后必有许多青年认你作父，幸福的日子就在将来也。"在给妻子的信中说："你为最忠实分子，无烦我叮嘱，以后勿以我死而心灰意冷，忘却前进。"他遗书谓其子曰："汝父将于某日被军阀屠杀，汝将永记此日。长大后，为党效忠，为父报仇。"

1934年2月15日，苟永芳被从监狱中提出，看到狱卒开门时，他知道敌人要加害自己了，便从容脱下身上的毛线背心，递给同牢狱友说："我已无用，送你吧。"出牢后，他沿途高呼"救火！"以警醒难友和群众，揭穿敌人秘密杀害共产党人的阴谋。在难友和群众惊醒之际，他高呼："打倒军阀！共产党万岁！"苟永芳被枪杀于成都东较场，暴尸三日。苟永芳殉难时，其子才一两岁。临就义前，苟永芳给儿子写下遗诗，诗曰：

> 你如果问你爸爸为什么死的，
> 我说，是为无产阶级革命而牺牲的。
> 孩子，快长大吧！
> 长大了，不要忘记你的爸爸，
> 不要忘记你爸爸的事业！

2月17日，苟永芳的同学艾宇眉将苟永芳遗体埋葬于新东门外的天祥寺侧，作诗记叙其事，诗曰：

> 传闻系狱久，今日竟云亡，
> 遗体亲将殓，故人只益伤。
> 一棺殊草草，千古恨茫茫，
> 卜葬居邻近，寒泉展奠觞。

艾宇眉，1902年生于自贡市兴隆场，与苟永芳是同乡。他早年就读于川南师范学堂，1926年与苟永芳考入成都高师，入国文部学习，后加入中共领导的学生进步团体——导社，与苟永芳、张博诗、曹墙金（即曹荻秋）等人成为导社骨干，后加入了共产党。苟永芳学习努力，工作领导能力强，对人态度和蔼，深得同学热爱，导社以他为核心。艾宇眉和苟永芳既是同乡，又是同学，有时苟永芳回来晚了，艾宇眉就到食堂把他的饭菜留下来。苟永芳的一些文件，也交艾宇眉保管。

"二一六"惨案后，苟永芳离开成都高师转入地下活动，艾宇眉于1930年毕业后，辗转各地中学任教。1931年，艾宇眉忽然在成都街上认出苟永芳。他请苟永芳到家中叙谈，苟永芳欣然同意。苟永芳告诉艾宇眉自己化名王明远，以商人身份从事党的地下工作。

1933年下半年，艾宇眉在报上看到，国民党破获共产党机关，逮捕为首分子苟永芳。艾宇眉知道消息后，万分着急。1934年，苟永芳慷慨就义。艾宇眉恸念故人，将其葬于成都新东门外天祥寺旁。

艾宇眉喜欢文学，对古诗造诣颇深。海内名家对他的诗也颇为赞赏，互有酬赠，今择取数首罗列于下：

### 赠陈寅恪先生

芦沟汉月照苍苍，北望燕云剧惨伤。半壁河山坚保障，归都文物惜沦亡。剪除丑虏联回鹘，钩考遗编证汉唐。却欲筑亭征野史，更无朝士话同光。

### 八月十日夜发号外日本向盟国投降

日寇投降号外传，喜心翻倒笑如颠。山河收拾从头起，兵士思归望眼穿。盟国可坚和好约，余生留看太平年。英雄事业因时势，千载难逢莫便捐。

### 赠沈尹默先生

初从磨尾接清谈，直下微言许共参。乞写兰成枯树赋，只今重见褚河南。啜润何如举体真，新诗细楷妙能神。浇漓后学当今日，不谓风流见晋人。

# 郑佑之传略

郑佑之

郑佑之，号自申，化名张裕如、张荣山、余善辉，笔名尤痴，1891年生于宜宾古罗镇化象嘴。郑佑之5岁入私塾，14岁考入宜宾高级小学，因成绩优异，升入叙属联合中学。1913年，郑佑之考入四川高等农业学校殖边科，学会蒙藏语言文字，立志为开发祖国的边疆农业生产而奋斗。然国难当头，郑佑之在学业未竟之时，毅然投笔从戎，入吕超部队，参加反袁护国运动。1917年，他返乡任教。1919年，郑佑之联络荣县柳嘉乡有识之士，筹办新式小学柳嘉小学，被推举为校长。时值五四前后，他积极宣传新文化运动。在此期间，郑佑之与川南师范学堂校长恽代英及成都王右木、何卓辉等通信结交，共同"研究乡村教育，以为实行改造地方之入手"，努力培养人才，以求改造社会。

1922年，郑佑之辞去柳嘉小学校长职务，应邀去宜宾县合什宣化小学（简称宣小）任教。他大胆提出开设民国班、工读班，校门向平民开放的主张。县知事罗正冠亲临宣小向师生们发表演说，对郑佑之改革教育的主张大加指责。郑佑之据理力争，对县知事的言论进行抨击，并撰写批判文章和《裁兵论》寄送报社和友人，得到革命者的支持。同年，经恽代英介绍，郑佑之在成都加入社会主义青年团，后转为党员。从此，郑佑之不断收到由中共中央寄来的《中国共产党宣言》《通告》《向导》等党内文件和宣传马克思主义的报刊书籍。他除与恽代英保持联系外，还经组织介绍与天津的邓颖超、李峙山和四川的王右木、萧楚女、钟善辅、刘亚雄等早期党团员取得联系，共同学习、传播马克思主义思想。按照中共中央关于在没有党团组织的地方，党员应首先发展团员并建立团组织的指示，他在宜宾、荣县乡间的教师、学生、青年、妇女、农民中，广泛组织读书会、图书共阅会，通过阅读革命报刊的方式，物色对象，培养积极分子，发展团员。他首先将具备条件的李坤泰（赵一曼）、李绍唐发展为团员。次年，他又在附近各乡发展了肖简青、李坤杰、李坤能、谢耿藩、雷本涵等一批人入团。他还将李坤泰、李坤杰等人介绍给天津妇女国民会议促成会的邓颖超和天津女星社的李峙山相识，帮助李坤泰（赵一曼）修改文章寄往《女星》《妇女周报》等进步报社发表，揭露李坤泰哥哥李席儒的封建家长作风与行为，呼吁社会各界支援，为李坤泰谋求求学权利。

1923年春，郑佑之根据《中国共产党第二次全国代表大会宣言》提出的"改良教育制度，实行教育普及"的要求，将庙产40石地租捐作学产，把庙宇改建为校舍，开办"罗场平民学校"，并按照"实施平民教育，发展民治精神"的方针办学，招收附近各场平民子弟入学读书，开设以学习文化为主的平民班和以编织业为主的半工半读班。他不但免费任教，且捐赠了大部分教学用具。为提高教学质量，郑佑之利用组织关系，先后从成都、内江资中、资阳安岳、泸州等地聘请进步教师执教，向学生宣传马克思主义。他白天上课，晚上走家串户，不久即在古罗组织起农民协会，并起草印发了《告农友、工友书》，号召农工连为一气，打倒帝国主义、军阀、贪官、豪绅，以求彻底解放。郑佑之还选拔了罗场平民学校年龄较大的学生石兆祥、郑宏度和高县的李竹君前往广州，参加由毛泽东、恽代英等主办的农民运动讲习所。他还主办不定期刊物《夜光新闻》，油印散发四方，影响所及之地诸如白花、观音、大塔、泥溪和荣县五宝镇等地相继组织起农民协会或农协小组。同时，郑佑之同刘愿庵、许培高、熊吉安、张立如等，在将军街曾家祠设立通俗讲演所，吸收当地教育局局长韩敬元参加。每天傍晚，他们分别到街头讲演，向老百姓揭露帝国主义及其走狗的罪恶行径，戳穿封建军阀的狰狞面目。由于他们的讲演深入浅出、通俗易懂，群众很喜欢听他们讲演，听众日益增多，常常挤满街头，其中不乏深受其影响而走上革命道路之人。

1925年，五卅惨案爆发后，郑佑之入宜宾教育局任视学。他同宜宾有声望的爱国人士，组织了声援上海五卅运动的外交后援会，将《平民周刊》改为《平民三日刊》，以此"宣传沪案消息及发表关于沪的言论"。郑佑之还利用担任视学的有利条件，将大批党团员安排在教育战线，创办了《教育旬刊》《工农周刊》《宜宾国民》，有力推动了宜宾的青年运动和学生运动的开展。

1926年1月30日，郑佑之根据中共中央指示精神，在宜宾召开党团员会议，决定将党团组织分开，正式成立中共宜宾特支，由郑佑之任书记。其时，中共重庆地委、中共四川省委均未建立，宜宾特支由中共中央直接领导。是年秋，驻荣县二十四军旅长张志芳与荣县知事邓邦植相互勾结，向百姓强派军款21万元，百姓怨声载道。郑佑之及时到五宝镇与当地党支部成员研究，决定以五宝镇为中心发动荣县民众抗捐斗争。他们发出《声讨万恶军阀张志芳檄文》，同时发动、组织农协会员抗纳税款。他们还邀请国民党荣县党部左派负责人谷醒华到五宝镇，争取五宝镇团总陈选侯以及所属各场团正，将民团武装和各地支援武装共数千人组织成立为"川南农民革命军"。当时，张志芳又增派两连士兵扼守李家堰，加紧武装催款，还抓捕了抗捐群众一百余人，使农民群众更为激愤。是年农历腊月十八日，郑佑之集合农民军于檬子岩誓师，兵分三路包围李家堰。入夜，张部败撤。次日，其退入五宝镇防守。郑佑之于普岗寺设农民军第一指挥部，于荣县龙潭场设第二指挥部，坚持武装斗争到底。二十四军军部慑于农民军的声势和舆论压力，只得将张志芳调离荣县、释放被关押群众、停收加派军款和其他赋税。

1927年，蒋介石背叛革命，掀起反共高潮。四川军阀刘湘在重庆制造了"三三一"反革命事件；4月10日，宜宾城防司令覃筱楼紧步后尘，出动军警查抄了国民党县党部和中山学校、五育小学、工会、农会等群众革命组织，宜宾共产党的工作即由公开转入地下，郑佑之将党团组织和国民党荣县党部左派人士转入观音越溪河一带，以大塔为中心建立武装革命根据地，同四川军阀进行了针锋相对的斗争。资料显示，1927年革命处于低潮时，郑佑之在川南农村仍能号召群众2万多人，武装千余人，广大农民称他为"农王"。

1928年2月，郑佑之被选为中共四川临时省委委员、川南特委委员。1930年8月，中共四川省委在重庆召开会议，决定配合全国暴动，将党团工会合并为各级行动委员会，领导各地武装起义，郑佑之任中共四川省行动委员会委员。1930年春，军阀刘湘制定"反共自首"政策，使党组织受到很大破坏。中共四川省委决定将省委机关迁往成都，将对敌斗争经验丰富的郑佑之留在重庆坚持工作，并决定成立中共下川东特委，领导川东40余县对敌斗争，由郑佑之任组织部部长。为了保护党组织，打击敌人，郑佑之决定派余宏文打入刘湘内部，掌握敌人核心机密。郑佑之利用余宏文的妻弟在刘湘军部手枪连当连长的特殊关系，把余宏文派进二十一军"特委会"，获取了许多重要情报。

1931年8月，中共下川东特委负责人被捕。为了安全考虑，中共中央决定撤销中共下川东特委，成立中共江巴中心县委，领导重庆周围十县市的地下工作，由郑佑之任秘书长。郑佑之在重庆工作期间，正是党内"左"倾思想泛滥的时期，中央一味强调将工作重心放在城市，把大批党员骨干调来城市，用集会、讲演、散发传单等方式发动群众，组织武装暴动，夺取大城市。郑佑之对此表示反对，他曾在党的会议上多次提出应将党的工作重心转移到农村。他以切身的经验指出，在敌强我弱的大城市，党组织累遭破坏，党的领导人一个个被捕杀害。辛辛苦苦建立起来的组织，一下子就给破坏了。他极不赞成在大城市执行那种蛮干做法，并提出愿意去农村建立根据地。他的正确意见得不到支持，反而被扣上"保守主义""右倾思想""农民意识""逃跑主义"等帽子。

由于敌人的残酷镇压和叛徒叛卖，中共江巴中心县委成立不到一年，李家俊、杨仁杰、饶耿之等领导人相继牺牲，郑佑之决心回农村再创根据地。他写信给弟弟郑瑞符，要他筹集钱款速寄来重庆。款到后，他花了200元大洋，在刘湘军械库里搞到10支德国快慢机手枪，并派张朗元、陈强等人秘密运回宜宾。事泄，郑佑之因此暴露身份，刘湘不惜重金缉拿他。由于叛徒出卖，郑佑之不幸被捕。他在监狱里秘密给党组织和李坤杰写下遗书，做好牺牲准备。1931年12月29日，敌人对郑佑之进行最后一次审讯。敌军法官对郑佑之说："你这样大的岁数了，还相信马克思主义？你是受了欺骗。"郑佑之响亮地回答："我就是相信马克思主义。"敌军法官见郑佑之没有"回心转意"，又问："你相信马克思主义，你愿不愿意为它牺牲？"郑佑之回答："我愿意。"

1931年12月30日，郑佑之在重庆英勇就义，时年40岁。临刑前，郑佑之写信给弟弟们，要弟弟们"传布与一般人知道，以待将来的公论"。第二日，重庆《新蜀报》对郑佑之被害做了报道，文中说："共党省委郑佑之，在共党中原有'第二马克思'之称，于日前被二十一军部□□□桂花街五世同堂院内捕获，判处死刑，亦同时执行……"

郑佑之的革命亲友赵一曼，原名李坤泰，字淑宁，笔名李一超，在东北抗联时化名"赵一曼"。她于1905年10月出生在四川省宜宾县白花场伯阳嘴一个地主家庭。赵一曼排行第七，乳名端女儿。8岁时，父亲雇先生在家设私塾，赵一曼随族中子弟读书。1918年，赵一曼父亲去世，哥哥李席儒主持家政，不再让赵一曼读书，渴求知识的她坚持自修，姐夫郑佑之悉心辅导。一次，郑佑之拿着一片海棠叶，指着叶缘凹陷处对赵一曼说："它像中国地图，这些缺口就是被帝国主义吞噬的！"为帮助赵一曼学好文化知识，懂得革命道理，郑佑之为赵一曼订购了《向导》《中国青年》《妇女周报》《觉悟》《前锋》等书报。赵一曼认真研读，初步了解了灾难深重的中国社会。郑佑之还把《中国共产党宣言》借给赵一曼，1922年11月25日，郑佑之给赵一曼的信中说："今带来《中国共产党宣言》一份……若是看不懂，歇几天又看，将来终究会懂的。"郑佑之写信指导赵一曼，谈体会、认识、理想、人生……在郑佑之的引导下，赵一曼的思想发生了质的飞跃。1923年，郑佑之介绍赵一曼加入社会主义青年团。

　　赵一曼认清了封建礼教的真面目，发誓要对封建专制家庭进行控诉，把哥哥顽固维护封建礼教的言行公之于世，她写了一篇自述文稿——《请看我的家庭》。赵一曼开门见山地写道："全世界的姊妹们，请看我的家庭，是何等的守旧！是何等的黑暗！我自生长在这黑暗家庭中，十数载以来，没有见过丝毫的光亮。阎王似的家长哥哥死死把我关在那铁篱城中，受那黑暗之苦……我到这个时期，已经觉悟了，觉得我们女子受专制礼教之压迫、供专权男性的玩弄，已经几千年了！我们女子受了几千年不平等、不人道的待遇，那些没有良心的家长，还拿什么八出（七出之中加一条"不顺兄出"）、四从（"在家从父"下加一条"父死从兄"）的话来压迫我们。可怜我们许多女子还深深被压迫在旧社会制度之下，受那黑暗的痛苦啊！我感觉到这个时候我极想挺身起来，实行解放，自去读书。奈何家长不承认我们女子是人，更不愿送我读书……同胞的姊妹们呀，请帮我设法，看我要如何才能脱离这地狱似的家庭，才能达得到完全独立？……他——家族哥哥——却又要用一种卑劣的手段，逼我出阁了。务望亲爱的同志，替我做主呀！"郑佑之读罢，激动不已，稍加润色后将文稿寄给天津《女星》周刊编辑部李峙山女士。1924年7月，《女星》编辑部的李峙山审读了赵一曼的《请看我的家庭》，她将原稿标题改为《在家长式的哥嫂下生活的李一超女士求援》，刊登在1924年8月11日出版的《女星》第

51期上。赵一曼的文章发表后,《女星》编辑部和李峙山收到全国各地的读者来信30多封。为引起社会各界的关注和支持,援助赵一曼冲破封建家庭牢笼,《女星》第53期特辟"援助李一超"专栏,选登读者来信。正在北京投考学校的王文彬,在写给"峙山先生转敬佩的一超女士"的信中说:"我读了你那篇自述后,不觉怒发冲冠,血气沸腾,想给你做个奋斗先锋者。虽然我们青年前途远而且大,但是站在这黑沉沉的地狱似的家庭里,不奋斗,焉有光明;不破坏,焉能建设?一超,我祝你做一个毅力坚决的奋斗青年女子!"

为进一步探索解放妇女和解放自己的道路,赵一曼在姐夫郑佑之的指导下,和二姐李坤杰联络白花场30多名妇女,于1925年4月成立了"宜宾县白花场妇女解放同盟会"。妇女解放同盟会成立半年,会员发展到180多人,白花场附近乡村纷纷要求成立分会。在会员大会上,赵一曼阐释了妇女解放同盟会的宗旨,号召受封建礼教压迫的妇女们团结起来打倒"三从四德",实行男女平等、婚姻自由,反对收养童养媳和一夫多妻制。1926年,赵一曼在姐夫郑佑之、二姐李坤杰的帮助下,终于冲出封建家庭樊篱,考进宜宾女中。1926年10月,党组织决定送赵一曼到黄埔军校武汉分校学习。1927年9月,党组织又派她到苏联学习。在苏联学习期间,赵一曼与同学陈达邦结婚。1928年冬,因国内工作的需要,党组织决定让赵一曼回国。此时她已怀有身孕,但为了革命需要,她还是辞别了丈夫,毅然回到祖国。

九一八事变后,党组织调赵一曼到东北工作,任哈尔滨总工会代理书记。之后,上级党组织决定组织一批工人到乡下打游击。赵一曼被分配到中共珠河中心县委担任县委委员。1935年,赵一曼带领地方游击队同东北人民革命军第三军第二团并肩作战,并担任团政治委员。同年冬,赵一曼在与敌人的战斗中不幸被捕,被敌人押送到滨江省警务厅。1936年8月,赵一曼牺牲在珠河县小北门外,时年31岁。

## 饶耿之传略

饶耿之，又名饶更之，原名吴启慕，号尧赓，化名吴茂如、更之，1908年5月生于四川广安县太平乡金泉里龙王寨。他的祖父是村中普通塾师，为人正直，关心国事，对清廷腐败和人民疾苦十分不满。饶耿之10岁丧父，11岁丧母，兄妹三人孤苦伶仃，全仗叔伯抚养，拉扯成人。饶耿之天资聪敏，勤奋好学，经常手不释卷，废寝忘食。1920年9月，12岁的饶耿之考入广安高等小学堂，这所学堂的教师年轻饱学、思想进步，在教学内容上，提倡新学、反对旧学，"为学在于达意明理，使人晓谕，启人共鸣"。[①] 饶耿之读书刻苦用功，成绩名列前茅。1923年7月，饶耿之以优异成绩考入广安县初级中学。次年7月，饶耿之步行8天赶到成都，考入成都高师附属中学第11班。

成都高师附属中学，面向全省招生，学生来自四面八方，师资集全省教师精英，学习氛围浓厚。受"五四"新思想熏染，四川一批早期马克思主义者集结于成都高师，他们中有王右木、吴玉章、恽代英、童庸生等，他们以成都高师为阵地，于1920年成立马克思读书会，于1922年成立中国社会主义青年团成都地方执行委员会。饶耿之进入成都高师附中时，正值共产党人袁诗荛、张秀熟在学校担任教务主任和学监、教员，他们通过学会、社团、讲演、集会等各种形式，宣传马列主义，介绍俄国十月革命经验。成都高师附中自1923年以来，一直有共青团的基层组织，宣传马列主义的小册子如《共产党宣言》《资本论浅释》《唯物史观》《阶级争斗》

---

[①] 党跃武、陈光复：《川大记忆：校史文献选辑（第四辑）》，四川大学出版社，2011年，第165页。

《马克思主义浅说》《共产主义 ABC》等革命书刊，在学生中广为流传，这使饶耿之眼界大开。他除了学好各门功课，还如饥似渴地追求新知识，积极报名参加马克思读书会，参与新青年革命团，出墙报、办刊物、写稿件。

经团组织培养和考验，饶耿之于 1925 年 12 月加入中国共产主义青年团，从此走上了为共产主义事业而奋斗的光辉道路。饶耿之入团后，被编在何嘉惠团小组过组织生活。他经常和团员同学何嘉惠、杨尚溥、程自鹏等，按上级组织的布置和要求开展革命活动。据何嘉惠回忆，他们曾一道到少城公园、商业场等处宣传马列主义，揭露帝国主义的罪行，并沿途散发 CY（社会主义青年团）印刷的宣传品。他和饶耿之有时扮成小商贩，一前一后，手提藏着传单的竹篮，专门往人群密集处散发传单。何翔迥等人编创革命刊物《新青年》，饶耿之积极支持，撰写稿件，帮助组稿、刻印、散发。那时成都电灯不多，他们晚上就自制小橘灯，在极弱的微光下写稿和刻印传单。何嘉惠在回忆当年同饶耿之一起开展革命活动的情况时写道："他的革命干劲很大，责任心强，爱祖国，憎恨帝国主义和封建军阀，同情劳苦大众，对 CY 组织很尊重，组织纪律性很强，只要有革命任务交给他，他从不讲条件，总是千方百计、想方设法去完成。"[①] 杨尚溥也在回忆中说："我们经常在一起议论时政，他爱发表自己的意见，身居虎口，英勇无畏，经常抛头露面开展革命活动，他的革命积极性比我高。"[②]

1926 年 5 月，五卅惨案遇难校友何秉彝的灵柩由上海运回成都，饶耿之和成都高师附中的师生一道赶到牛市口迎灵，灵柩停放在成都高师至公堂，饶耿之参加守灵。9 月 5 日，"万县惨案"发生后，饶耿之积极参加党团组织的集会和活动，为校办刊物《九五日报》投稿，控诉帝国主义的罪

---

① 何翔迥：《我所知道的吴启慕》，载《广安文史资料选辑（第 4 辑）》，内部资料，1984 年，第 12 页。
② 杨尚溥：《忆吴启慕同学》，载《广安文史资料选辑（第 4 辑）》，内部资料，1984 年，第 21 页。

行。1927年，饶耿之和廖季文创办了平民夜校，为了把课讲得通俗易懂、生动形象，他还自己动手绘制幻灯片，收到良好效果。饶耿之还利用节假日，到通惠门一带，给拉黄包车、抬轿、推鸡公车的民众讲演，深受民众欢迎。[①]

1927年8月，饶耿之因成绩优异，被保送进入国立成都师范大学预科。此时，成都高师已一分为二，即国立成都大学和国立成都师范大学。饶耿之认为，国立成都大学校长张澜主张"兼容并包""思想自由"，同时又保持了吴玉章任校长时的好传统，延揽名师、用人唯才、民主办校、学术自由。饶耿之毅然放弃免试保送的机会，于1927年9月考入国立成都大学文科预科第四班。1927年9月，经中共成都特支批准，国立成都大学重新恢复共青团支部，由程直鹏任书记，廖季文为组织委员，饶耿之负责宣传工作，这时饶耿之已转为正式党员。

1928年春，在中共川西特委领导下，四川爆发了争取教育经费独立和反劣币斗争，饶耿之踊跃参加各项运动，身先士卒。军阀当局通令各县查缉与"杨廷铨案"有关的在校生，饶耿之也名列其中。饶耿之不得不离开成都，几经周折来到重庆。此时，共青团四川省委书记叛变，党团组织遭到破坏。饶耿之丝毫没有悲观情绪，他对同时调到重庆的中共川东特委秘书长梁佐华说："我到重庆是来填川的，不是来充军的。"1928年底，饶耿之任共青团江巴县组织委员。经过半年努力，党团组织得到了发展，支部由原来的7个发展到41个，团员由60多人发展到180多人，居全省之冠。1929年10月，共青团四川省第一次代表大会在重庆举行，饶耿之当选为团省委委员。在一次团省委召开的常委会上，饶耿之认真分析了当时革命形势，指出："要教育党团员坚定信仰，我们是布尔什维克者，要誓为共产主义奋斗终身。俄国革命也有曲折，牺牲了不少同志，但最后终于迎来

---

[①] 杨尚溥：《忆吴启慕同学》，载《广安文史资料选辑（第4辑）》，内部资料，1984年，第21页。

了胜利。我们要坚信,中国革命也一定会胜利的。有了这个坚定的革命信念,任何风险都能顶得住。二是要强调气节教育,党团员的气节就是在任何情况下,决不向敌人投降,为革命牺牲个人的一切、不出卖组织和同志、决不卖党求荣。"① 他以苏武牧羊十九年终于持节归汉和文天祥誓死不降"留取丹心照汗青"为例,强调共产主义战士不能丧失气节,教育党团员为党为革命尽忠守节。

1930年2月,军阀刘湘派叛徒易觉先诱捕饶耿之。易觉先以上级组织名义,将饶耿之骗到五福宫附近的一家茶馆谈话,随后将其逮捕。面对敌人的审讯,饶耿之坚称自己是小学教员,根本没参加任何党派。饶耿之的伯父得知其被捕,立即携带金银,托二十军高级参谋蒲殿俊出面营救。蒲殿俊以西南名流身份找刘湘保释饶耿之,刘湘才同意将其保释出狱。

党团组织核实饶耿之在狱中的高风亮节后,为转移敌人视线,便派饶耿之到成都任中共川西特委巡视员。饶耿之在赴成都途中,绕道回到老家广安。他伯伯劝他说:"我们这个家不愁吃穿,你是有妻室子女之人,何不就在本地找个工作,教书、做生意赚钱,过几天太平日子算了,听我的不要出去了!也算我对得起你死去的父母了,你妻子和全家也少为你担心啊!"饶耿之不便回答,待内弟向他祝酒时,即席朗诵文天祥的诗:"人生自古谁无死,留取丹心照汗青。"他接着说:"国家兴亡,匹夫有责。帝国主义侵略我国,军阀们混战不止,国家四分五裂,不革命,不斗争,我们快当亡国奴了,哪能过什么长久太平日子?干革命就要不怕坐牢杀头,怕死最好去出家当和尚。"之后,饶耿之又心平气和地向家人解释:"请大家放心,我出去是走正道,绝不会做出对不起祖宗、对不起国家和民族的事情。希望大家也不要轻信国民党对共产党的恶毒攻击和诽谤,谨防上当受

---

① 林浓:《饶耿之烈士传略》,载《重庆党史人物(第2辑)》,重庆出版社,1991年,第150页。

骗……"①

1930年8月，中共四川临时省委扩大会议在重庆召开，继续贯彻"左"倾冒险主义，决议积极配合全国暴动，将各级党、团、工会组织合并，成立各级行动委员会，具体负责组织领导暴动。8月28日，中共四川省行动委员会正式成立，饶耿之担任组织部部长。但其后，四川各地暴动接连失败，中共四川省行动委员会遂于1930年12月被撤销，各级党、团、工会组织相继恢复。饶耿之奉命调任团省委宣传部部长。1931年3月，叛徒宋毓萍等在重庆道门口与化装成小商贩的饶耿之相遇，将其抓捕。国民党特委会副主任徐幼安"劝其叛党，彼坚不认允"。晚上，叛徒宋毓萍到禁闭室，劝饶耿之"掉头""倒戈""反正"，被严词拒绝。后国民党特委会主任李靖白亲自提审饶耿之，妄想用高官厚禄与儿女私情引诱饶耿之，他斩钉截铁地回答："党团组织和党团员的名字我知道，但就是不能告诉你们！要杀要剐，听你的便！"敌人对饶耿之采用香火烧背、灌辣椒水等手段，逼其交代组织，均遭拒绝。敌人黔驴技穷，经刘湘批准，1931年3月15日，饶耿之被秘密杀害于巴县监狱，时年23岁。

饶耿之的革命战友何秉彝，字念兹，1912年生于四川省新繁县清流乡黄水泉，1918年8月考入彭县中学，1922年7月考入成都高等工业学校。适时，王右木在成都建立了马克思读书会和四川社会主义青年团，在学生中宣传马克思列宁主义，发展团员，何秉彝深受影响。他与同学廖恩波、余泽鸿等人在学校组织"青虹社"，学习马克思列宁主义。他深感四川地处偏僻，"在此四川半生半死的学校中，难以做完而有用之人；难以求得人类永久谋利益，增幸福的学问"。他毅然告别父母，于1924年初入上海大同大学数理专修科学习，以图实业救国。

---

① 林浓：《饶耿之烈士传略》，载《重庆党史人物（第2辑）》，重庆出版社，1991年，第166页。

在大同大学期间，何秉彝常去上海大学听邓中夏、瞿秋白、恽代英等人的演讲，开始转变认识："现在的中国，正是豺狼当道，军阀用事，彼争此夺，四分五裂的时候，无论什么官府什么特权，没有不是他们——军阀的掌握，受他们的支配与宰割。"① 他一针见血地指出：现在的军阀，尽都是压迫、剥削、榨取、暴凌人民之仇敌，因此，欲在军阀胯下讨一饭之恩，得一顾之荣，既无价值，又属卑贱也！他决心参加革命，同年8月，转入上海大学社会系。在邓中夏、恽代英等共产党人的教育和指引下，他一面刻苦学习马克思列宁主义，追求真理；一面积极投身于反侵略、反压迫的斗争中，并于1924年加入中国共产党。

他在给父母的信中说，"吾人陷此水深火热之境地，欲求救国救民的真理，我是二十世纪的新青年，不是十九世纪的陈腐的以文章为生、以科举为目的的老学究，生在这离奇的二十世纪的社会里，就要为二十世纪的社会谋改造，为二十世纪的人民谋幸福。……要我到那些与我意志毫无关系的国立或部立大学，学点官僚的资格，染些政客的派头，毕业出来，奔走乞怜于侯门之下，丧心病狂于名利之场，为他人作嫁衣裳，抢几个造孽钱，挣点假名虚誉，是万万不可能的。"② 他在信中满怀信心地写道："男此是行去，觉得未来之神在预告男了，好象（像）似说，你将上光明之路了，你将得着很相适的安慰了；你的前途是无量的，你的生命之流失，将从此先射；你的生命之火，将从此开放……"③ 1925年2月，上海日商纱厂工人因反对工头打骂女工和无故开除工人举行罢工。何秉彝等上海大学党团员在邓中夏的率领下参加了这次罢工。何秉彝还在《民国日报》副刊《觉悟》上发表题为《被压迫的劳动者起来啊》《官厅与罢工工人》的文

---

① 中共彭州市委党史研究室：《那些年的青春与热血：何秉彝、何秉钧书信论文选》，中国文史出版社，2015年，第3页。
② 中共彭州市委党史研究室：《那些年的青春与热血：何秉彝、何秉钧书信论文选》，中国文史出版社，2015年，第16页。
③ 中共彭州市委党史研究室：《那些年的青春与热血：何秉彝、何秉钧书信论文选》，中国文史出版社，2015年，第27页。

章，分析无产阶级受压迫的根源，揭露反动政府与帝国主义互相勾结、镇压工人的罪恶，歌颂俄国革命的胜利，并号召：被压迫者只有联合起来，走俄国革命的道路，推翻资产阶级专政，建立无产阶级专政，才能使全人类享受真正的幸福。5月15日，工厂主开枪射击工人，共产党员顾正红牺牲。顾正红事件点燃了上海各界民众的反帝怒火。党中央根据形势，决定于5月30日在全市举行反帝示威游行。5月30日，各校学生举着小旗，带着传单，高呼口号，上街游行。租界巡捕房开始抓人。何秉彝不顾个人安危，营救被捕学生，并带领大家呼喊："打倒帝国主义！反对帝国主义破坏中国主权！反对帝国主义残暴捕人！"上万群众涌向老闸捕房，抗议非法逮捕，要求释放爱国者。捕头爱伏生命令巡捕向群众开枪，何秉彝在枪声中倒下，时年23岁。

# 余宏文传略

余宏文

余宏文,化名陈伯南、余三弟、余济民、陈济民,1904年生于四川省宜宾县观音乡,早年就读于荣县中学、叙属联中、资属中学,1924年从成都华西协合大学辍学回乡,任观音镇高等小学校教员,在中共党员郑佑之的领导下从事农民运动。由于学识渊博,为人正直,常路见不平、挺身而出,他深受群众爱戴。余宏文曾以纪念"双十节"为名,动员古锣乡、徐家乡农民及附近学生数千人,举行"提灯会"。余宏文在会上揭露贪官污吏扰民害民、敲诈勒索的罪行,号召农民团结起来,打倒土豪劣绅,废除苛捐杂税。会后,农民举行游行示威,高擎锄头扁担,杂以红绿小旗,浩浩荡荡,盛况空前。其后,余宏文在当地领导成立了农民协会,余宏文被推选为主席。他们还建立农民武装,没收土豪劣绅的大斗小秤,取消各种不合理的税捐和摊派。

1926年,荣县农协掀起声势浩大的抗捐运动,与地方军阀旅长张志芳发生武装冲突。余宏文组织几个乡的武装队员和群众三千余人,枪支一千余支，协助抗捐运动取得胜利。群众革命情绪由此更加高涨。余宏文顺势召开全区农协会议，领导群众高呼口号："打倒土豪绅！打倒恶霸张兰轩！打倒贪官污吏！"农民运动风起云涌，反动势力大为恐慌。1927年，余宏文加入中国共产党。1928年春，在郑佑之的领导下，余宏文建立了以大塔、观音为中心的活动地区，并着手组织川南红军，准备配合南溪暴动，攻取自贡、荣县、宜宾、泸州，建立根据地，开展土地革命。年底，宜宾农民领袖共产党人李家勋牺牲的消息传来，余宏文无比悲痛，写下《十二月悲歌》：

> 正月里来是新春，工农暴动把地分；
> 穷人翻身把家当，人人有田来自耕。
> 二月里来菜花黄，青黄不接还征粮；
> 苛捐杂税一齐来，荣县抗捐摆战场。
> 三月里来是清明，农民暴动在宜宾；
> 兴隆巷中逮共党，缚烈九人命归阴。
> 四月里来正栽秧，农户人家栽秧忙；
> 一年辛苦望秋收，秋后还是喝米汤。
> 五月里来石榴红，红色五月属工农；
> 资本家怕"五一节"，世界劳动归大同。
> 六月里来热难当，沙溪惨案在长江；
> 十字街前精神振，共产党人杀不光。①

1928年8月，中共宜宾县委改建为中共宜宾中心县委后，余宏文任中共中心县委委员。9月，中共川南特委派王涛、曾莱等指挥大塔农民暴动。余宏文任参谋兼秘书。重庆"三三一"惨案后，观音、大塔一带农协武装遭县军警围剿，余宏文等转入仙马一带山地，继续进行革命活动。1929年

---

① 《余宏文烈士歌词》，载《宜宾县文史资料（第22辑）》，内部资料，第178页。

2月，余宏文发动群众，开展减租减息斗争。后因遭军警搜捕通缉而转移至五通桥，化名余济民，参加组织和领导犍为盐业工人罢工。罢工被镇压后，余宏文被关入犍为监狱，后在党组织的多方援助下出狱。

1930年，党组织派余宏文到重庆工作。这一年，正是四川各地酝酿工农兵暴动的一年，也是重庆军阀刘湘利用叛徒破坏四川地下党组织的开始。中共四川省委、重庆市委和刘湘防区内的地下党组织多次遭到破坏，党的地下活动举步维艰。余宏文到重庆后不久，即被叛徒周云方、张朗元发现，周云方曾任中共宜宾县委书记，与余宏文相识。他们千方百计劝余宏文脱党，归附刘湘。余宏文把这一情况向党组织汇报，组织决定将计就计，让余宏文打入敌特组织。1930年夏，余宏文化名余三弟，打入军阀刘湘在重庆设立的二十一军特别委员会。一年多时间里，余宏文利用敌二十一军特委会秘书身份，将各种情报用暗语写成小纸条放在约定的厕所墙孔内或城墙偏僻处的隙缝中，通过交通员报告给中共四川省委。余宏文利用他特殊的身份营救过不少同志，其中包括中共川东特委书记文祥、合川党员李坤杰（赵一曼二姐）等。为了分化叛徒，余宏文在特委会秘密发起成立"良心会"，要求参加良心会的成员，本着良心办事，弃恶从善，不再出卖同志。在他的耐心教育下，叛徒周云方、张朗元等真诚悔改，愿意立功赎罪。

当时重庆的叛徒有七十多名，其中死心塌地为刘湘充当鹰犬的有张宣、宋毓萍、钟思吉、黄纯五及黄婉香姐妹等数人。余宏文和周云方、张朗元打死黄纯五，击毙钟思吉，处死黄婉香姐妹。余宏文在特委会中与敌特巧妙周旋，为党及时了解敌情、打击叛徒、掩护同志、保护组织起了很重要的作用。

1931年6月，中共川东特委遭到破坏，郑佑之被捕牺牲。为防止可能出现的意外，党组织决定将余宏文从特委会撤出。撤出之前，余宏文通过在二十一军模范师当连长的妻舅唐瑞华，从二十一军武器库里获得一批德制手枪，运往江北，交予党组织。自己则化装成巡警，返回成都。

1932年，余宏文任中共成华东区委书记。1932年10月，刘文辉、田颂尧在成都巷战，群众死伤无数。余宏文根据上级指示，积极进行反战宣传，动员人民联合起来，打倒军阀，成立革命政府。余宏文组织抗日会，还自编《自卫歌》激励民众、抗日爱国：

> 背着枪，提着刀，为了自卫敢把脑壳掉。拼死命，把国保，谁是敌人我们早知晓。你听！你听！群众在怒号！你听！你听！群众在怒号！今日正是民族复兴的时候到。①

1933年7月，中共四川省委调余宏文（化名陈伯南）到邛崃和大邑开展游击工作，任邛（崃）大（邑）工农红军游击队大队长和区委书记，战斗中，游击队转战至总岗山、骑庙山一带，这里地瘠民贫，人烟稀少。内无粮草，外无救兵，部队仅剩几十人枪，余宏文决定率领部队，重返王店、夹关一带。② 在艰苦条件下，余宏文带领队伍坚持斗争，天气很冷时，他还是穿草鞋，面黄肌瘦，但余宏文从不气馁，对于胜利充满信心。他态度和蔼、意志坚定，深受群众爱戴，成为群众公认的优秀的游击队领导人。

1934年秋，中共四川省委派川西特委工委书记曾海云到邛崃会同余宏文领导斗争。曾海云和余宏文决定成立"川康工农红军游击队"③。余宏文把队伍分成许多小组，神出鬼没、四处游击，往来穿梭于王店、夹关、平落、石头、道佐等地，在名山、蒲江、大邑一带很有影响。四川军阀潘文华惊呼："该匪赤化已深，恐成燎原。"驻防眉山的二十一教导师二旅旅长范子英，电邀十县军政头目，策划联防办法。1934年12月，邛崃县委遭到破坏，余宏文立即将游击队分散转移。由于叛徒出卖，余宏文被特务抓

---

① 《余宏文烈士歌词》，载《宜宾县文史资料（第22辑）》，内部资料，第178页。
② 罗俊林、江月清：《崃山雄鹰斗九霄——余宏文烈士在邛崃大的日日夜夜》，载《邛崃文史资料（第5辑）》，内部资料，第4页。
③ 中共邛崃县委党史办：《崃山革命火 抗捐又一军》，载《邛崃文史资料（第1辑）》，内部资料，第42页。

捕。特务在审问时要余宏文下跪，他宁死不屈，回答说："共产党员！游击队负责人。要杀要砍，随便！何必多问。"第二天，李家钰派副官亲自审讯，审判官问："游击队有多少人？"余宏文回答："多得很，杀不完，抓不尽。"他还痛快淋漓地斥责敌人："国难当头，你们不去打日本，把枪口对准老百姓，你们这一伙法西斯强盗，请把你们所有的刑具都用到我身上来吧！哪怕是骨折筋断，也休想从我口中知道什么！"敌人把他关进邛崃县监狱。县长想以封官许愿，劝诱余宏文投降，余宏文坚贞地表示："我作为一个忠于国家、忠于民族，堂堂正正的共产党人，怎么能卑躬屈节于国家民族的败类！"[1]

1935年春，敌人无计可施，要余宏文写笔供。余宏文抓住这一机会，写成小说《清泓》，痛陈国民党的罪行，指出只有共产党才能救中国。《清泓》揭露了国民党"攘外必先安内"的无耻谰言，宣传了共产党的抗日主张。写完后，他欣慰地对难友讲："我的'任务'完成了，我也快了！"敌人强迫他服毒自尽。牺牲前他对狱友说："我真名叫余宏文，宜宾观音乡人，有可能时，望告诉我家中。"说罢，他从一个士兵的手中，接过毒药，一饮而尽。余宏文的遗体被埋在邛崃城西，时年31岁。

---

[1] 罗俊林、江月清：《崃山雄鹰斗九霄——余宏文烈士在邛崃大的日日夜夜》，载《邛崃文史资料（第5辑）》，内部资料，第21页。

下　编
救亡中国，舍我其谁

# 大学与革命
## ——从《曾莱日记》看二十年代川大学子的家国情怀

四川荣县曾莱所著《曾莱日记》，从1918年到1924年，凡6年。文中主要记述了他在家温书和在成都高师学习期间的一些见闻与感触。他生前并未打算公开日记，文中所记少有讳饰，所论大率为直陈心迹之语，因此其颇具研究价值。曾莱作为清末民初之际的川大学子，他的日记可以使我们更好地了解当时大学生的家国情怀和价值追求。

曾莱生于1899年，少时历经辛亥革命，成年后目睹四川军阀混战，国势日渐衰落，社会时时处在动荡之中。他年幼时，颇受儒家思想熏染，一言一行，往往以先贤为榜样。幼年的曾莱敢作敢为，勇于任事，遇事亲力亲为。他上学读书自挑行李，见有同学让父兄挑行李，必出面阻拦，说："大少爷，忍心以父兄为牛马，将来定无恶不作。"荣县中学校长谷醒华听闻此事，对其颇为欣赏，称他为少年"子路"。[1] 1918年12月11日，他在日记中写道："是日读《孟子》。叙曰仁即性，性即道义者。所以评仁无内外精粗之别，而有随时处中之权。余深有感。"过两天，他又记道："是日余生，念我十九矣。而舜二十孝闻非其惧哉。"[2] 曾莱聪慧多文，品德高尚，诚如王闿运对蜀人的评价："蜀士驯秀虚心……盖文翁之教，师法尚存也。"[3]

---

[1] 党跃武、陈光复：《川大记忆：校史文献选辑（第4辑）》，四川大学出版社，2019年，第143页。

[2] 荣县政协文史学习委员会等：《荣县文史资料选辑（第15辑）》，内部资料，1999年，第14页。

[3] 王闿运：《湘绮楼日记（卷2）》，岳麓书社，1997年，第755页。

像多数传统的士子一样，曾莱以国家兴亡为己任，时时有忧国之思，颇能体现一个深受西潮冲击的新青年在社会转型时的心态。1919年3月，他在日记中写道："是日闻先生云：国步艰难，强邻逼处，使不自由，人皆欲享渔人之利。余甚悲焉。"第二天他又在日记中说："是日闻前日选举多私运动，奋然曰：我国不能五稔矣，吾宁蹈东海而死，不忍为亡国奴也。吁悲夫。"① 这样的忧国之思在曾莱的日记中反复出现，萦绕于心。同时，曾莱更有一种强烈的欲以身报国的情绪。1919年3月，20岁的曾莱为"戊戌六君子"的同乡刘光第写下挽联：

逢比贿刑，岳于惨毒，叹前贤尚尔，君又何人魂魄如有声，应同正学先生矢口问成王安在？

汉唐锢党，五代清流，古圣贤如斯，而今再见国家方多难，敢效子胥故事留眼看越寇飞来。②

上联缅怀刘光第惨遭杀戮，恨无周成王这样的明君可以复兴大业；下联叹国家多难，恨不能效伍子胥故事，命家人抉目悬门以观今日腐朽政府之败亡。"诗言志，歌永言"，曾莱借凭吊刘光第，抒发了自己的爱国之情。

1923年，曾莱中学毕业，考入成都高师理化部，成都高师校长吴玉章热心社会公益，积极启迪民智，几乎每个星期日都要向"高师校外同学会"作演讲，传播进步思想。曾莱每次必到，对吴玉章的品格和学识都极为仰慕，深受吴玉章革命思想的影响。"老师"是中国革命的主角之一，在他们的努力下，革命的实际发生，往往由边缘化的知识分子启动。在革命感召下，曾莱并未选择大学毕业后安身立命，寻求一份好的工作，获得

---

① 荣县政协文史学习委员会等：《荣县文史资料选辑（第15辑）》，内部资料，1999年，第27页。

② 荣县政协文史学习委员会等：《荣县文史资料选辑（第15辑）》，内部资料，1999年，第26页。

稳定的生活，而是毅然投笔从戎，走上革命道路。下面就借曾莱之眼与口，着重探讨他在进入川大前后的心态和转变。

## 大学与进步思想的形成

曾莱家居四川荣县双石乡夏家村，是一位"以耕读为业"的农家子弟，家庭收入微薄，日渐贫困，靠举债度日，这在他的日记中多有体现。1918年11月25日，他在日记中写道："是夜与母谈论。母云：嘉定曹神仙，昔汝父教伊时，曾借伊五十串钱，至今头利未还。汝后日到省读书时，取道嘉阳当寻而偿之。余曰：诺。是日以今年乏资故，与杨世凤借钱八十千，利一分四厘。"第二天，他又写道："是夜母与兄、余语，叙李四姑婆事，意盖谓钱之不便也、心之不遂也、衣食之不丰也。"①曾家家境并不宽绰，因此在去省城读书问题上，曾莱眼见同学友人都出外读书，心中颇有怅恨。他在19岁生日时写道："天下不少聪明才智之士，只因悠悠忽忽去了一生。""是日赴荣，于桥上遇刘，云何君上省去矣，余愁然不乐。"②家庭贫困并没有使曾莱放弃读书的想法，他每日在家温书，总希望在痛苦中寻求到个人的出路。

曾莱虽家贫不能求学，但身处荣县的他也深受"五四"新思想的影响，思想激进。一日，他在叔叔家吃饭，见到一人，"彼云今日之巡守者，为富室耳。余曰：不然，岂第为富室哉，正所以保守身也。伊云：吾衣身食腹，彼能劫吾一钱耶？余曰：彼富室者，不过未直接养君耳，使无富室，则四海困穷，君何居耶？伊曰：于庙。余曰：今庙产半卖，君于何

---

① 荣县政协文史学习委员会等：《荣县文史资料选辑（第15辑）》，内部资料，1999年，第12页。

② 荣县政协文史学习委员会等：《荣县文史资料选辑（第15辑）》，内部资料，1999年，第11页。

容？即不卖，君等穷民恐一不能尽容也，且无巨室，则国疑无筹，势不至国亡，不止国亡，国亡则君与吾身首异地，不亦悲乎！伊愤愤而罢。"[1] 这时的曾莱颇受西方民主思想影响，主张自由平等，分配正义。同时，他受到"物竞天择、适者生存"的社会进化论思想的熏染，在日记中写道："吾家畜鸡凫一群，二雄数雌。此鸡雄与枭雄恒日相斗，因之鸡败而逃。我母规此况情不自己，乃将鸡雄售于人而烹焉。呜呼！优胜劣败，岂天演之公例。不然胡于人然，物亦然也。且天不能为惟视人为主能有为物则无为。夫以有为者而驳无为者犹然。况无为者而使有为者呼呀，我黄种殆亦奋欤。"[2] 他从家里的鸡鸭恶斗，联想到国家、社会进化，更重要的是他的结论，"夫以有为者而驳无为者犹然"。行动才是关键，与其坐而论道，不如起而行之。据曾莱的同学李则夷回忆：1922年，荣县在文昌宫的大门外，用青砖建筑起了一座四层钟楼。举人黄英为钟楼撰了一副对联，联曰："莫辜负钟声，关心城市万家，闻声各惜阴分寸；试登临楼上，极目云山千里，直上须来第一层。"曾莱是受过"五四"新文化运动洗礼的人，脑子里充满了学科学、反封建的新思想。他认为钟楼是代表新时代的建筑，与旧社会的亭台祠庙不同，把适宜于点缀旧寺院的对联生搬到新建筑上，是不伦不类。于是某天夜里，曾莱寻来一根颇长的竹竿，在尖端绑上一把锋利的锉子，把对联弄得千疮百孔，大功告成后，他满意而归。这个例子反映了一代青年的价值取向，他们欲冲破封建束缚，起而革命。[3]

此时，内地县城西学已渐成风气。未入成都高师以前，曾莱所读之书，除传统的典籍之外，还有英文书刊。进入成都高师后，除了数理化，他还能在图书馆里读到《努力周报》《晨报》《西游考政》等进步报刊。进

---

[1] 荣县政协文史学习委员会等：《荣县文史资料选辑（第15辑）》，内部资料，1999年，第23~24页。

[2] 荣县政协文史学习委员会等：《荣县文史资料选辑（第15辑）》，内部资料，1999年，第28页。

[3] 荣县政协文史学习委员会等：《荣县文史资料选辑（第15辑）》，内部资料，1999年，第108页。

入大学后，曾莱的榜样已不仅仅是中国的圣贤大德，很多西方人物也成为他的楷模。他在作文《尊教训》中写道："昔英王查理第一为太子时，其父戒其勤学。曰：王者不学，不异驴马而冠也。太子惧，即勤学，后即位，国人目为博士。"在《不欺》中写道："华盛顿幼时，误斫其樱桃。父见大怒。家人莫敢言。华盛顿至父前曰是儿误斫。父喜甚曰：儿能直言，樱桃何惜焉。及长为美国大总统。"[1] 随着科举制度的废除，一般学生的阅读范围已经越出四书五经的狭窄范围，他们的眼光也从中国走向世界。

进入成都高师后，深受新思想影响的曾莱，对于伦理课老师陈希虞先生印象深刻，时时在日记中有所记录。与曾莱有一样感受的还有姜亮夫，陈先生在哲学上的高见是姜亮夫一辈子难忘的。陈先生让姜亮夫打好基础，先把普通逻辑、形式逻辑学好，后来还指导姜亮夫："不要专搞中国哲学，中国哲学要搞，但要作为基础来学，学好后，把西洋哲学拿来对照，看看有什么不同。如没有中国哲学的根底，是无法学懂西洋哲学的。"他还让姜亮夫三十岁以前读点唯物主义的书，三十岁以后要读点佛学。这些话对姜亮夫影响很大，也开启了他对佛学书的阅读。[2] 1923年12月，曾莱在日记中写道："陈希虞先生讲人格之修养，社会之救济，虽不算条件充足，总算是尽心苦口了。"[3] "上课四钟，陈希虞先生讲伦理，有一部分真讲得好。"[4] 1924年1月，他写道："上伦理学贰钟，论'快乐与目的'之不相容，我对于此心中觉得快乐因由事后而生，但自有经验之后，如其事不乐，而又非不能已于行者，则其事将不能行，故余谓称快乐为副业之

---

[1] 荣县政协文史学习委员会等：《荣县文史资料选辑（第15辑）》，内部资料，1999年，第34页。

[2] 四川大学档案馆：《姜亮夫在成都高师》，《四川大学报》，2018年6月27日。

[3] 荣县政协文史学习委员会等：《荣县文史资料选辑（第15辑）》，内部资料，1999年，第51页。

[4] 荣县政协文史学习委员会等：《荣县文史资料选辑（第15辑）》，内部资料，1999年，第80页。

本，因不可谓事业无待乎，快乐，亦又通之论也。"① 曾莱之前以为快乐往往是"事后之事"，不过是事业的"副业"，听了陈希虞老师的课后，他认识到事业与快乐其实是并行不悖的，如果不快乐地做某事，事情也不会做好。那什么是快乐的事业呢？韦拔群曾经说过："快乐事业，莫如革命。"当然，此时的曾莱不会有如此觉悟，但由此可以看出他在成都高师学习期间，开始对自己的事业做出规划，什么是自己乐于为之奉献的事业呢？他在求学期间开始思考。

读书期间，曾莱也是有自己的判断力的。伦理课上，陈希虞老师讲"时论与征服天然"一节时，痛论中国毫无法纪，以为如此中国不如为英国占领，"事功必大胜于今日"。曾莱认为陈老师的想法过于天真："昔四川人深望北兵入川，然入川以（已）及一年，成绩如何？除征粮责米外，川乱如故也。"他从切身经历出发，认为陈老师的观点失之偏颇，"条顿民族之精神为战胜天然，故办事有手续，且步步为营，反客为主，且精神不已"，值得国人学习，"至望中国亡，而一再反之说，吾不采哩"。② 曾莱通过在川大的学习，增广见闻，深入思考，已经有了独立之精神、自由之思想，遇事不盲从、不跟风。

作为化学专业的学生，曾莱对传统文化也多有研究，他在成都高师敬重的老师还有刘著存。刘著存于子学颇有造诣，著有《荀子正名篇诂释》《荀子正名篇诂释续》《荀子人性的见解》等著作；1929年曾参与筹备重庆大学，任筹委会常务委员；1931年与赵熙、黄觉等人创办"文学舍"，延揽成都、重庆、眉州、犍为子弟学习国学。曾莱在日记中记载："（与刘著存）谈话甚久，诚恳的情形佩服极了，但面带杀气。"③ "午前同友人到刘

---

① 荣县政协文史学习委员会等：《荣县文史资料选辑（第15辑）》，内部资料，1999年，第50页。
② 荣县政协文史学习委员会等：《荣县文史资料选辑（第15辑）》，内部资料，1999年，第83页。
③ 荣县政协文史学习委员会等：《荣县文史资料选辑（第15辑）》，内部资料，1999年，第52页。

著存先生礼拜，礼节甚恭。"① 1924年3月，曾莱在日记中写道：

> 看《荀子·正名》篇，见王先谦将句子不曾弄断者有"异形离心交喻，异物名实玄纽"（"玄"字为"互"字之误），对于心有征知一节，仍然胡适之说，当仍作"证知"讲。为得因"征知"即心理学上所谓认识故也。如此则全节可通矣，惟当薄其类的当薄二字当的刘著存先生说为最佳，今略记于下：

> 当从尚得声，尝亦然，当尝同属一韵，故当宜训尝，薄与薄通——古字更同于搏，即经历也、亲历也，故当薄即曾经经历过的意思。

> 如此则全书上下均可通矣。另外对于其中之"以仁心说，以学心听，以公心办，不动乎众人之非誉，不治观者之耳目"王注"治"字为"冶"字之误——不赂贵者之权势，不利傅群者之辞，故能处道而不贰，吐而不夺……一节很有得于心。②

从这一段可以了解曾莱此时正在研读胡适的《中国哲学史大纲》，他将胡适、刘著存的观点与王先谦的《荀子集解》相对照，颇"有得于心"，与孔子所说的"刚、毅、木、讷近仁"不同，荀子认为辩言也是仁的外显方式，以"仁心"为出发点去言说，以公正之心去辩论，"公心"也就意味着仁义之心。曾莱显然同意荀子的看法，高擎"君子必辩"大旗，认为真理愈辩愈明，大学当治学问。

除了前面讲到的老师，曾莱对其他老师也多有评价，如："午前上物理贰钟，张先生也讲得好。午后上几何贰钟，真有度日如年之慨。"③ "午

---

① 荣县政协文史学习委员会等：《荣县文史资料选辑（第15辑）》，内部资料，1999年，第56页。
② 荣县政协文史学习委员会等：《荣县文史资料选辑（第15辑）》，内部资料，1999年，第59页。
③ 荣县政协文史学习委员会等：《荣县文史资料选辑（第15辑）》，内部资料，1999年，第72页。

前上课四钟，教习恶劣，真不堪言状。""张先生于力学无观念，故所言均不实在。化学刘讲得甚好。午后讲立体几何，于球体积讲得颇好。"① 这样的评价很多，可见大学期间，曾莱学有用心，冷暖自知。

不仅如此，曾莱在学习期间颇有自己的见地。在谈到当时的教学体系时，他认为："今天的学校，以科学为重，中学内无家事学、社会学。想主持其事者，均以学生为将再读专门吗？专门学校里，亦无家事学哪！抑以大丈夫不事家人生产事，个个都是大丈夫又得了吗！余以为夫妇为人生之本，家庭为社会、国家之基，为学者当能独立谋生，方不致卑污下贱，人格可养，否则衣食无出，生命不保，什么道德文章，均不足以维持生活也。故余以为中学校宜速设家事科、社会科，不宜为今日置之于不顾也！"② 曾莱的这种认识合于清末民初的基本情况。罗志田先生曾指出："清季兴起的'打破家族主义之说'至少在城市趋新社群中已形成某种思想霸权，并衍化为有力的社会约束和自我禁抑，使督责子女成为'政治不正确'的行为，而拱手将教育委诸社会。"③ 由于社会和国家缺乏对家庭的保护，致使正义、真诚、良心、公道"吾国固有之性"丧失净尽，故此有识之士以为"欲使国成为稳固之国，必先使人成为良好之人"，"然后旧国性保存一二"。这样的看法，使曾莱这样的年轻学子很容易从民主革命转向社会革命。

曾莱代表了内地学子的新形象，他们深居内地，希望拥抱先进文化。他们在思想上亦新亦旧，一方面深受传统儒家思想特别是阳明心学的影响，一方面又从新文化中获得更多的"思想资源"。二者的融合，使曾莱很容易受革命思想的感召。1924年5月，他在读《大学》第一章时，"颇

---

① 荣县政协文史学习委员会等：《荣县文史资料选辑（第15辑）》，内部资料，1999年，第85页。
② 荣县政协文史学习委员会等：《荣县文史资料选辑（第15辑）》，内部资料，1999年，第77页。
③ 罗厚立：《有计划的死：梁济对民初共和体制的失望》，《南方周末》，2006年11月30日。罗厚之，即罗志田。

得其章之要领",他写道:"此章主要部分在于齐家一句,所谓修身诚意致知以此为齐家之本质,治国平天下齐家之用也。至于所谓亲民即亲人至善,即尽得人民之情也。此致知之对于人的功夫,至于格物穷理即致知之对于事物的解破分析,综合推演。"① 在他看来,读书致知,其目的是"亲人至善,即尽得人民之情"。他列表说明:

$$
人生\begin{cases}一己之修养\begin{cases}明德\\亲民\end{cases}止于至善\cdots\cdots 因\cdots\cdots（本）\\将此学以致用\begin{cases}居治家\\行治国\end{cases}以静为动\cdots\cdots 果\cdots\cdots（末）\end{cases}
$$

由于在成都高师受新思想的影响,他对传统儒家思想有了更深刻的认识。他在看张英的《聪训斋语》,"见其于人心惟危,道心惟微,解释固好。然仅得一半,为读解之如下:危即危险之意,微即微妙之意,惟危即极危险之意,惟微即顶精微之意。人心惟危,即人心顶危险,非尽力维持,临深履薄不足以维持之。道心惟微,即大学止至善之意也。但说出已非吾心,真不好说哩!至于养心之术,张归于读书。余谓读书因一法,做事亦一法也。"② 他看到张英的养心功夫只有读书格致一面,缺乏行身立事的一面。因此,较之古人,曾莱更有知行合一的观念,起而革命,改造世界,成为他的目标和责任。

---

① 荣县政协文史学习委员会等:《荣县文史资料选辑(第15辑)》,内部资料,1999年,第77页。
② 荣县政协文史学习委员会等:《荣县文史资料选辑(第15辑)》,内部资料,1999年,第81页。

## 社会与革命的选择

其时的大学从来不是"不知有汉，无论魏晋"的桃花源，它势必受到国内、国外力量的双重压迫。内有军阀割据，国家四分五裂；外受列强压迫，民不聊生。吴晋航曾指出，1918年以前，川军增加数量不大；自1918年到1920年，由于防区制的推行，数量成倍增长。但是，"1920年扩编的川军，还是经过各军共同点编制而成的，其编制和番号还是统一的。在这以后，直到1932年'二刘'之战结束，川省几乎无岁不有内战，而每经一次战役，即有一次扩军，其扩军的方法亦与前不同，即番号与编制均由各个军阀自行决定，漫无限制"。[①] 川军内战，无不以"统一川政"相号召，然多年打来打去，却并没有打出一个统一的局面。相反，胡先骕注意到，四川的许多军人其实不太想统一，"中下级军官最喜内战，盖内战一开，则升官发财之机会至，而战争之威胁并不大，不足顾虑也。在曾为军阀多头者，并不欲轻有内战，能统一全川固佳，否则但求保持其固有之既防地，亦足以窃号自娱。至于师旅长，则为达其领袖欲，有待时而动之意。在团营长，则子女玉帛之意尚未满足，尤喜趁内战以浑水捞鱼之伎俩矣。此种心理不能铲除，则四川军阀之祸，永不能灭"，统一的局面也"殊不可乐观"。[②]

自1924年熊克武以北伐名义率部出川，其后的10余年间，地方政权完全落入地方军阀、新兴军人手中。四川新兴军人往往乐于内斗，不参与全国政争。据傅渊希统计：1913—1933年间四川共发生30次战争，其中

---

[①] 吴晋航、邓汉祥、何北衡：《四川军阀的防区制、派系和长期混战纪略》，载中国人民政治协商会议全国委员会文史资料研究委员会：《文史资料选辑（第10辑）》，中国文史出版社，1986年，第30～31页。

[②] 胡先骕：《蜀游杂感》，《独立评论》，1935年，第33页。

26次为军阀混战。① 曾莱在日记中写道:"据今天的报说,熊克武氏已退往赤水江北,已无熊军。一年川战至此或可告一段落了,可是据刘存厚(四川督军)扩充军备看来,似乎还有战事,这真正怪了,如不设法防止,四川至多不过苟安一二年又有战事了。"② 曾莱的判断过于乐观了,其实熊克武的军队尚未离开,四川军阀间的战争已是愈演愈烈了。

在成都高师学习期间,曾莱在日记中记得最多的就是川战:"四川省城又要打仗了!真怪,怪,怪!""战事之声不绝于耳,可恨极了。"③ 战事不断,势必影响商业发展,"午前上街一游,见商人纷纷关门,大多关门以免二混成旅——张冲——扰害者。"④ 军阀内斗不仅影响商业买卖,更有甚者,"去年刘成勋、熊克武发行四百元纸币——无兑现——于是乎由九角而八角、七角以至于二角几一元,又现市价生洋三千五百,计算起来每张纸币只值钱七八百文而已。又四川政府乱铸当钱二百文的铜元,于是市价飞涨,商民交困,生活现象真正不得了。"⑤ 由于通货膨胀,读书住宿都成了问题,"夜饭后出街交东西回家,见省方收房捐要生洋,不要纸票。政府发之而政府不用,钱未兑现,已可恶极矣。不谋构和,而务兴兵,以固其个人之私位,其可畏尤甚。唉,四川之事,真只有打个你死我亡然后了"。⑥ 四川不过是20世纪20年代中国的缩影,全国上下都处于混战之中。以致曾莱在报纸上看到东南诸省的战事,不禁感叹道:"看报见东南

---

① 傅渊希:《四川内战年表(1913—1933)》,载四川省政协文史资料研究委员会:《四川文史资料选辑(第37辑)》,四川人民出版社,1987年,第4页。
② 荣县政协文史学习委员会等:《荣县文史资料选辑(第15辑)》,内部资料,1999年,第60页。
③ 荣县政协文史学习委员会等:《荣县文史资料选辑(第15辑)》,内部资料,1999年,第49页。
④ 荣县政协文史学习委员会等:《荣县文史资料选辑(第15辑)》,内部资料,1999年,第49页。
⑤ 荣县政协文史学习委员会等:《荣县文史资料选辑(第15辑)》,内部资料,1999年,第51页。
⑥ 荣县政协文史学习委员会等:《荣县文史资料选辑(第15辑)》,内部资料,1999年,第52页。

将有战事，因我的苏省（醒）的心，好像爱川一样，想到我们川民这一年战祸的苦楚，对于东南不免心痛，岂江苏人也当逢相当的劫吗？"①

军阀混战，势必影响四川教育的发展。成都高师是1916年经北洋政府批准，正式被定为国立学校的。成都高师深受四川政治格局影响。成都大学这个名称，原系1924年起接任成都高师校长的傅振烈提出的，其意图是借此将成都高师升格为大学。成都高师升大学本来是成都高师学生和四川地方社会所欢迎的，但问题是，傅振烈的建议是要把成都高师变成一所普通大学，而不是很多人所期望的师范类大学。这样一来，将使得原本在四川教育界占有极大势力的"高师帮"无所依存，因此遭到了不少在校学生和毕业生的反对。1924年3月，曾莱在日记中写道："本校校长前熊克武主川政时为吴玉章，及今年刘湘来蓉，另委傅子东（振烈）校长——学生反对甚烈，因其人品资格均不足故——遂迟至今天才得开堂上课，可是教员仍无一人来校，本班上午四钟课全缺！"②杨森任命秘书傅振烈为成都高师校长，遭到成都高师师生的强烈反对。其中的重要原因在于成都高师属于国立，校长应由中央政府简任，不应由省府任命。故此，舆论表示"西南教育被蹂躏久矣，堂堂校长，屡出兵间"。③

1924年，杨森要求成都各高校举行一次联合运动会。曾莱认为，杨森之所以搞这样一次运动会，"系因他欲看学生界对他如何，看他有没有能力关照成都各校，故作此表示，以博得中外之舆论，而取得其省长的位置"，"高师因与杨森处于反对地位，故冷眼以视，从不过问"。其间，华西协合大学饱受非难。据曾莱观察，川内各校均反对华西协合大学的原因，大致有三：第一是因为他们素少训练，犯规伤人；第二是中西之别；

---

① 荣县政协文史学习委员会等：《荣县文史资料选辑（第15辑）》，内部资料，1999年，第50页。
② 荣县政协文史学习委员会等：《荣县文史资料选辑（第15辑）》，内部资料，1999年，第59页。
③ 《高师反对傅振烈校长》，《商务周报》，1924年2月23日。

第三是各校心存嫉恨，华西遂成众矢之的。① 这一次运动会中，少有女同学参加，"近则军人盗柄为所欲为，女子之所以不出场运动，都是为怕师旅长要她们去当姨太太……故甘放弃权利"。② 最终，这场运动会草草收场。"老杨意思，却只要看看他有无能力招集各校学生，他哪管这些运动啊！"③ 曾莱的态度明显表达了对军人干政的不满。既然高等教育的格局背后实际是地方军人力量的反映，那么后者一旦发生变化，前者自然随之变动。傅振烈即因背后支持者败出成都而被迫解职。

1924 年，杨森发动川战，就有人在《蜀评月刊》撰文，批评四川军人"并无何等远大思想，食前方丈，侍妾数百人，金钱狼藉，于意已足"。新兴军人的战争"究竟为作何事？实是无理取闹"④。《蜀评月刊》同一期还刊登了以"江安全县人民"的名义发表的一份宣言，谓"我自首起民兵，以覆清室，在人民之本意，本欲自立民国，以大洗永为奴隶之羞，乃大权误落军人。军人又不学，日以内证无名义之丑战"，遂致全川祸乱不已。⑤ 这些时评大致代表了旅外川人的共识。这与曾莱在川内所记大致不差："近来各地匪风甚盛，杨森的人尽是匪，杀人越货，奸淫妇女，为所欲为，呜呼国军，军军如此如此，金堂县被匪劫了！"⑥ 所以曾莱感叹道："弄到这样，这真是可怜我们小百姓了！"⑦

军阀混战、民不聊生，不只是曾莱读报的感受，更是他的亲身经历。他写道："进茶店子时，死人臭，仍难闻也。由是下山到石桥宿简州，日

---

① 荣县政协文史学习委员会等：《荣县文史资料选辑（第 15 辑）》，内部资料，1999 年，第 68 页。
② 荣县政协文史学习委员会等：《荣县文史资料选辑（第 15 辑）》，内部资料，1999 年，第 69 页。
③ 荣县政协文史学习委员会等：《荣县文史资料选辑（第 15 辑）》，内部资料，1999 年，第 70 页。
④ 《对于此次川战之感想和希望》，《蜀评月刊》第 7 期，1925 年 6 月。
⑤ 《江安全县人民对于时局之宣言》，《蜀评月刊》第 7 期，1925 年 6 月。
⑥ 荣县政协文史学习委员会等：《荣县文史资料选辑（第 15 辑）》，内部资料，1999 年，第 71 页。
⑦ 荣县政协文史学习委员会等：《荣县文史资料选辑（第 15 辑）》，内部资料，1999 年，第 76 页。

尚高也,然军队太多,无有宿地。六日由简州乘船到龙泉寺又到资阳,夜宿南津驿,闻田、赖彼此警戒,真人哩。此地产糖地方,甚适人民诈伪。"[1] 曾莱对国家的衰落以及军阀混战深表忧虑。5月9日是"国耻纪念日",在成都高师学习的曾莱发现川人对此相当漠视,毫无感受。一些同学气愤地说:"中国人近来都极端不要脸,什么叫耻?他们早已不知耻了……"又有人说:"中国与其存不如亡,就是亡了,也不至像今天这样恼火。"这些话深深地刺激了曾莱,他说:"这真是莫名其妙!今日中国,非有两个真心为善,没有名利观念存乎其中,没有人我观念存于心中,更没有不逾分、不越规的人办不好。唉!这种人今天真难找了。"[2] 但是,他没想到这样的人就在他身边。1925年,曾莱的挚友陈自能、徐积光决定投笔从戎,奔赴黄埔军校,投身革命洪流。陈自能于1922年在荣县中学毕业后,于1923年和同班同学徐积光去北京就学,考入中国大学,后受革命思想影响,毅然放弃学业,投奔革命策源地——广州,考入黄埔军校三期。1925年,为巩固革命基地,国民革命军东征陈炯明。在东江战役中,陈自能、徐积光身先士卒,英勇杀敌,不幸献出生命。噩耗传来,乡人无不悲痛。1926年,曾莱征得荣县教育界较有声望的赖君奇老师同意,以赖君奇的名义,在荣县中学为陈自能、徐积光两位烈士举行了隆重的追悼会。

内有新思想的不断吸纳,外有关于军阀混战的所见所闻,双重驱动,推动曾莱走上了革命道路。1926年是曾莱思想变化最大的一年,曾莱加入中共在成都高师成立的"导社",开始接受共产主义思想。

---

[1] 荣县政协文史学习委员会等:《荣县文史资料选辑(第15辑)》,内部资料,1999年,第92页。

[2] 荣县政协文史学习委员会等:《荣县文史资料选辑(第15辑)》,内部资料,1999年,第76页。

下编 救亡中国，舍我其谁

# 从《灭亡》到《清泓》
——20 世纪 20 年代川大学子的困惑与选择

易社强在其《1927—1937 年中国学生的民族主义》一书中，将这代学生与传统士大夫相互比较。他发现，近代中国知识人"在心理上和社会身份上几乎都是无所归属的游离人"①。根据易社强的观点，在 20 世纪 20 年代中期，有三件事至关重要：1921 年的中国共产党诞生、1923 年的国民党改组以及 1925 年的"五卅运动"。② 每个事件都表现为对前一事件的进一步政治化，以至于到北伐战争前夕，学生示威运动在全国各大城市蔓延，学生民族主义的热情达到顶点。然而，1927 年"四一二"政变后，投入其间的大学生迅速由充满激情转成感到幻灭。悲观、消极、无助和无聊的气氛取代了"五四"时代的欢呼、积极和主动。一些学生选择诸如"悲观""漂泊"和"罗曼蒂克"之类的词语来描写他们的人生观；另一些学生则讨论着"当一个年轻人找不到生活乐趣的时候，他应该自杀吗？"诸如此类的问题。③ 面对如此情势，文学作为立场对"无声的中国"（鲁迅语）发出自己的声音。鲁迅、茅盾、巴金、叶圣陶、郁达夫等，他们不仅用文学清晰地描述普遍的政治幻灭，更在作品中毫无保留地进行自我揭露和反省，希图找寻出路和方案，追求光明。本文不想对 20 世纪 20 年代思想界和文学界作全景式的描绘，只希望通过 20 世纪 20 年代川大学子的两

---

① 易社强：《1927—1937 年中国学生的民族主义》，斯坦福大学学位论文，1966 年，第 1 页。
② 易社强：《1927—1937 年中国学生的民族主义》，斯坦福大学学位论文，1966 年，第 2~3 页。
③ 易社强：《1927—1937 年中国学生的民族主义》，斯坦福大学学位论文，1966 年，第 39 页。

篇小说——《灭亡》和《清泓》——展示川大学子在面对革命"退潮"后的困惑，展示他们的追求和选择。

## 绝望感的剪影：两种观点

巴金和余文宏是两种很不同的川大人。巴金于1904年出生于成都市正通顺街，1920年8月，他"和三哥考进了外国语专门学校，从补习班读到预科、本科，在那里接连念了两年半的书"①。这里所说的"外国语专门学校"就是四川大学前身之一的四川公立外国语专门学校。学校不仅是四川各种新思潮的发祥地，也是无数青年学子的向往之所。据巴金回忆："当'五四'运动发生的时候，报纸上如火如荼的记载，就在我们的表面上平静的家庭生活里敲起了警钟。大哥的被忘却了的青春也被唤醒了：我们开始贪婪地读着本地报纸上的关于学生运动的北京通讯，以及后来上海的'六三'运动的记载。本地报纸上后来还转载了《新青年》和《每周评论》的文章，这些文章很使我们的头脑震动，但我们却觉得它们常说着我们想说而又不会说的话。"②"五四运动像一声春雷把我从睡梦中惊醒了。我睁开了眼睛，开始看到一个崭新的世界。"③ 在《谈我的"散文"》中，巴金曾经这样简单地回忆他在四川公立外国语专门学校的学习生活："在成都学英文，念过半本美国作家华盛顿·欧文的《随笔集》，后来隔了好多年才读到英国作家吉星的《四季随笔》和日本作家厨川白村的 essay 等，也不过数得出的几本。……我在这方面的启蒙老师是两本小说，而这两本小说偏偏是两位英国小说家写的。这两部书便是狄更斯的《大卫·考柏菲尔》和司蒂文生的《宝岛》。我十几岁学英文的时候念熟了它们，而且

---

① 巴金：《巴金全集（第12卷）》人民文学出版社，1989年，第64页。
② 巴金：《巴金全集（第12卷）》人民文学出版社，1989年，第11~12页。
③ 巴金：《巴金选集（第10卷）》，四川人民出版社，1996年，第112页。

《宝岛》这本书还是一个英国教员教我念完的。那个时候我特别喜欢这两本小说。"① 在巴金的回忆中，看得到他在川大求学时对认识社会和改造社会的渴望和激情。

在川大求学期间，巴金第一次真正接触到无政府主义著作《少年》，他激动不已："我想不到世界上还有这样的书！这里面全是我想说而没法说得清楚的话。它们是多么明显，多么合理，多么雄辩。而且那种带煽动性的笔调简直要把一个十五岁的孩子的心烧成灰了。我把这本小册子放在床头，每夜都拿出来，读了流泪，流过泪又笑。那本书后面附印着一些警句，里面有这样的一句话：'天下第一乐事，无过于雪夜闭门读禁书。'我觉得这是千真万确的。从这时起，我才开始明白什么是正义。这正义把我的爱和恨调和起来。"② 他给陈独秀写了"一生的第一封信"。他说："这是我一生写的第一封信，我把全心灵都放在这里面，就像一个谦卑的孩子，我恳求他给我指一条路，我等着他来吩咐我怎样献出我个人的一切。"③

1927年1月，巴金乘法国邮船"昂热号"离沪赴法，第二年以"巴金"为笔名发表了他人生第一篇小说《灭亡》。《灭亡》以1925年孙传芳在上海的黑暗统治为背景，着重描写了一个小资产阶级革命者杜大心的悲剧命运。杜大心是一个出身封建地主家庭的青年，封建礼教剥夺了他和表妹的爱情，使他的心灵受到很大的伤害。他郁愤成疾，得了肺病。不久，他来到上海，参加了一个社会主义的革命团体，从事工人运动。当看到与他朝夕相处、对他无比信赖的青年工人领袖张为群遭到反动军阀的残杀后，他痛不欲生，决心为张为群报仇，并希冀以自己的牺牲去感动人们，要他们来继续他的工作。于是，他毅然舍弃了与李静淑纯洁真诚的爱情，去刺杀戒严司令。结果戒严司令并没有死，"他正庆幸杜大心的一颗子弹，使他得到二十万现款，他底几个姨太太也添了不少首饰。然而杜大心底头却

---

① 巴金：《巴金全集（第20卷）》，人民文学出版社，1991年，第18页。
② 巴金：《巴金全集（第13卷）》，人民文学出版社，1990年，第132页。
③ 巴金：《巴金全集（第12卷）》，人民文学出版社，1990年，第46页。

逐渐化成臭水，从电杆上的竹笼中滴下来，使得行人掩鼻了。"作品中的杜大心是一个病态的、不健全的小资产阶级革命者形象。巴金说："《灭亡》的主人公杜大心也是一个充满矛盾的人。在他的遗著中有着这样的一句话：'矛盾、矛盾、矛盾构成了我的全部生活。'这矛盾形成了他复杂的性格，铸成了他悲剧性的命运。"

余宏文，1904年生于四川省宜宾县观音乡，曾先后在荣县中学、叙属联合中学、资属中学和华西协合大学读书。在大学期间，他受到革命思想的影响。1924年，他没有毕业就回到了家乡。经老师郑佑之介绍，他参加了革命。郑佑之也是川大人。他14岁考入宜宾高级小学，因成绩优异升入叙属联合中学，于1913年考入四川高等农业学校（四川大学的前身之一）。两年后，郑佑之毅然参加反袁斗争。1917年，他回乡任教，将知识广泛传播于乡民之中。1921年秋，他从恽代英处得到《共产党宣言》《新青年》《劳动者》等进步书刊，认真研读，主动向党靠拢。[1] 1922年，他经恽代英介绍加入中国共产党，郑佑之是在四川就地入党的第一个党员。[2] 1925年，郑佑之在宜宾成立叙府国民会议促成会，他发文指出："强固和扩大我们的团体……为中华民族争光荣，为全世界被压迫民族的解放而牺牲。"[3]

余宏文在郑佑之的影响下，以教员的身份作掩护，在家乡开展革命工作。他领导观音乡、古锣乡和余家乡一带的农民运动，积极组织起农民协会，领导群众向反动军阀、地主和土豪劣绅进行斗争。1926年，荣县农民协会掀起了声势浩大的抗捐运动，与地方军阀张志芳发生了武装冲突。抗捐运动最终取得胜利，群众的革命情绪更加高涨。余宏文召开全区农民协会会议，农民运动风起云涌，封建反动派大为恐慌。[4] 不久，白色恐怖到

---

[1] 倪良端：《郑佑之与〈中国共产党宣言〉》，《炎黄春秋》，2017年第2期。
[2] 倪良端：《中共四川宜宾特支创建纪实》，《炎黄春秋》，2017年第4期。
[3] 倪良端：《中共四川宜宾特支创建纪实》，《炎黄春秋》，2017年第4期。
[4] 党跃武、陈光复：《川大记忆：校史文献选集·第四辑》，四川大学出版社，2019年，第185页。

来，余宏文只得转入地下继续进行革命工作。1928年，余宏文在县委郑佑之的领导下，组织川南红军，计划攻取自贡、荣县、宜宾作为根据地。后来，形势发生变化，由于敌我力量悬殊，为保存革命力量，余宏文来到犍为县，领导以五通桥盐业工人为中心的工人运动，组织工人罢工。他不幸被叛徒出卖，遭到敌人逮捕，被关进监狱。《清泓》便是在四川五通桥监狱中写成的。

余宏文以细腻的笔调描写一个小资产阶级知识分子清泓"化除尽净"小资产阶级的阶级性，终于成为坚强的无产阶级战士的曲折而复杂的过程，深刻地描示了清泓在转变过程中不同的精神面貌。清弘因家庭经济困难，未能如愿升学，个人前途成为泡影，因此他"恨这社会财富太不平均"立志要"改革"，带着一颗"自私心"走上了革命的道路。也正因此，他在革命之初，首先表现出患得患失、矛盾、彷徨、犹豫、动摇的阶级弱点。但清泓在直接参与S县暴动的准备工作，接触了像郑木匠那样的无产者后，他的思想起了很大的变化。他看清了自己的阶级弱点，看到了群众力量的伟大。他由此深刻地感到："一个革命者，升官发财的念头都还没有打破，还在尽着把家庭、恋爱挽做一团解之不开，革什么命？"革命人生观的确立，正是他坚强勇敢的原动力。被捕后，他没有恐惧和悲哀，他说："同志们，你们莫愁，革命的火是扑不灭的，革命者是杀不完的。"这正是余宏文自己的生活道路和思想肖像。

巴金和余宏文都生于1904年，都是川大学子。他们承认：革命对青年学子来说，就是一次感情的磨难过程。巴金选择了"灭亡"，而余宏文则相信"革命者是杀不完的"。

## 生活的"激流"：小说中的困惑与坚守

巴金在《激流三部曲》总序中说："我无论在什么地方总看见那一股

生活激流在动荡,在创造它自己的道路,通过乱的碎石中间。"① 这股"生活的激流"就是青年一代为反抗吃人的社会,争取自身的解放所进行的顽强的挣扎与反抗,而这正是作家的希望和理想所在。虽然年轻人仍然有他们的困惑与挣扎,但这生活的"激流"毕竟会冲过那"遮不住的青山"。

1. 革命与爱情

20世纪20年代末至30年代初,文坛中的革命文学刚刚勃兴,其正经历着一个不成熟的阶段,许多作品都脱不了"革命+恋爱"的公式。受这种风尚的影响,巴金的《灭亡》也没有跳脱这一窠臼,但相比之下,巴金不像一般作者那样满足于凭某种概念构思披着革命外衣的浪漫故事,而比较注重展示20世纪20年代青年复杂变幻的思想情绪,充满了渴望变革的、亢奋的、焦灼的激情。正如当时有的论者所评价的那样:"《灭亡》给人以刺激的,不是暴露的、浮面的宣传,而是一种针刺式的暗示。在这一点上,它避免了那'干叫'的毛病,这也是它和流行的所谓标语口号式的革命文学所不同的地方。"② 与"暴露的、浮面的宣传"和"标语口号式"的"干叫"不同,《灭亡》依据主人公杜大心的性格及其自身发展的逻辑,比较细致、逼真地展示了他的矛盾思想和复杂心理。

《灭亡》中的主人公杜大心对社会的不公正毫不留情,同时,他又悲观地意识到他的行动终归无济于事。这种思想上的落差,使他通过创作悲情诗歌来表达对上流社会和富人的鄙视和怀疑。后来,他赢得了李静淑的爱情。但他为了给一位牺牲的同志报仇,不惜参加暗杀行动,结果牺牲了自己。杜大心虽然爱李静淑,但对她的博爱思想予以驳斥,认为人生的"每一扇门上都涂满无辜受害者的鲜血","在这些血迹被洗去之前,谁也不配来赞美人生","难道我们还嫌被杀被吃的人尚不够柔驯吗?还要用爱去麻醉他们,要他们亲自送到吃人者的口里吗"?所以他诅咒这"无爱的世

---

① 巴金:《激流三部曲》,人民文学出版社,1954年,第1页。
② 毛一波:《几部小说的介绍评价·〈灭亡〉》,《真、善、美》,1929年第4卷第6号。

界",诅咒"凡是曾经把自己的幸福建筑在别人的痛苦上面的人都应该灭亡"。为此,他甘做一个为信仰而牺牲的殉道者。当然,他知道他的行动并未取得任何有意义的成果。他死后,头颅被悬梁示众,他所痛恨的那个压迫和腐败的制度依旧大行其道。他本人只是留存在深爱着他的女人的回忆中。[①] 巴金说:"我创造李静淑出来给我解决爱与憎的问题,结果问题仍然没有得到解决。"[②] 将李静淑与杜大心对立,反映了巴金自己的矛盾思想——爱与恨、希望与悲观、斗争与灭亡。

余宏文的小说主人公清泓在得到爱情时,憧憬着美好的未来:"婚姻的问题已解决了,在清泓现在的脑筋里自谓没有什么不满意的事情了。他高兴得很。他想几年后从大学毕业出来,不必说,身价是很高的,生活问题是顶容易解决的,光荣的事业跟着到来也说不定的,那时再与彬卿正式结婚,该多么的幸福啊!"可是,在变化无常的社会里,命运的幸与不幸常常跟着它变换。清泓方觉前途光明,却有不幸的命运忽然临于当前。父亲失业,自己失学。"因为他还想和他的彬卿过甜蜜的生活。因为失了学的原故,清泓更恼恨这社会财富太不平均,政治教育太恶劣,军阀太专横,官吏太贪污。他立意要把这种种积弊铲除改革。老实说来,他在这时便决心革命。"清泓和彬卿结婚后,他是想和她共享安乐的,但他说:"你要晓得呀,不是我不愿意常常伴着你呀,实实在在是这社会把我们活活拆开。所以这社会如果不改革,我俩的痛苦只有一天天地增加。"

但随着投身革命,革命与爱情成了矛盾体。革命要抛家舍亲,爱情则要求长相厮守。余宏文说:"他因为不得彬卿,然而又不能常常和她一起,因此激起他的革命热;他因为不能离他的家庭,然而又不能不离开他的家庭,因此激起他的革命热;他因为想使他的家庭得着优裕生活,然而又不能如他所想的,因此又激起他的革命热;他所想望的种种——自然未来的

---

[①] 李欧梵:《中国近代作家中浪漫的一代》,新星出版社,2005年,第273页。
[②] 巴金:《〈灭亡〉作者的自白》,《开明》,1930年第22期。

也会在其中——不能实现，都是他的革命情绪兴奋的原因。"

2. 个人与社会

巴金说，我是"五四"的产儿。如果没有"五四"新文化的淬炼，巴金大抵会成为一位开明的传统士大夫，与现代文化怕是无缘的。但是，当巴金依恃着自己业已形成的传统文化作基础，和新文化观念进行嫁接，巴金获得了新的文化特质。五四运动，首先启迪了巴金自我的生命意识，使其认识到自我对社会所应该承担的责任，进而使其走出狭窄的自我天地，生出反叛意识，建构了现代人格。无政府主义对巴金影响最大。巴金说过："无政府主义使我满意的地方是它重视个人自由，而又没有一种正式的严密的组织。一个人可以随时打出无政府主义的招牌，他并不承担任何的义务——这些都适合我那种小资产阶级的思想感情。"[1] 1927 年，巴金在离开苦难的中国时，于他的日记中写道："在这里我看见了种种人间的悲剧，在这里我认识了我们所处的时代，在这里我身受了各种的痛苦。我挣扎，我苦斗，我几乎濒于灭亡，我带了遍体的鳞伤。我用了眼泪和叹息埋葬了我的一些亲人，他们是被旧礼教杀了的。""再见罢，我不幸的乡土！我恨你，我又不得不爱你。"[2] 因此，巴金创作《灭亡》，希望将自己的苦闷、激愤、痛苦和迷惘全部倾泻出来。正如他在《灭亡·序》中所宣称的那样："横贯全书的悲哀却是我自己底悲哀，固然我是流了眼泪来写这本书的。"[3]

在《灭亡》这部小说中，巴金较好地完成了生命个体的独特人生经验和社会缩影的有机结合。一方面，杜大心对于肺病有着刻骨的感受，使得生命个体体验获得鲜明的呈现；另一方面，杜大心深受无政府主义思想的影响，并由此确立了把自我生命许给社会的宏大理想。这两个方面错综复杂地纠缠在一起，使得杜大心这一形象成为五四运动之后的社会革命运动

---

[1] 巴金：《巴金全集（第10卷）》，人民文学出版社，1959年，第121页。
[2] 巴金：《巴金全集（第11卷）》，人民文学出版社，1961年，第944页。
[3] 巴金：《巴金全集（第1卷）》，人民文学出版社，1961年，第4页。

者的重要象征。对此,巴金认为杜大心"之所以憎恨人类,一是由于他的环境,二是因为他的肺病。最重要的就是他那不停地发展的肺病。人是一个复杂的、有机的东西,而有肺病的人更是多感的。"① 巴金在《灭亡》中对社会和人生进行了深入的思考:"他知道他自己向着死亡路上走去,而且分明感到死是一天一天地逼近。"因此,"他正要拿这样的工作来戕害他底身体,消磨他底热情,消耗他底精力,把他弄成麻木不仁,那时候他便可以不再感到那种难堪的锐敏的痛苦了。"而最为关键的是,杜大心人生的社会意义获得升华的关键自然在于他崇高的革命理想,他坚信无政府主义,认为"一个憎恶人类,憎恶自己的人,结果不是杀人被杀,就是自杀"。② 在这里,个体对疾病的抗争实际上还可以理解成对一种强加于人的自由精神之上的枷锁的反抗,这进而获得了深广的社会意义。

余宏文不仅是一个作家,更是一个革命者。他在给"新中国青年社"的一封信中说:"现在国家是这样的积弱,政府是这样的昏庸,军阀是这样的蛮横,以致外人乘机侵略,恣其帝国主义之淫威。但是没有多少人出来奔走呼号,立志图强,却只图个人的官做得高,钱找得多、小老婆好看。""五卅惨案发生,举国人士莫不痛心疾首,即沉醉于教会学校中的青年,亦群起奔走呼号,相率自动退学,争向政府学校求援,若欲止文化侵略,这是多么好的机会!唉!他这些学校当局才大大不然,他们认为这是学生的浮动,不规矩的行为,予以不理。官府也是一样。……现在我已清楚了我们中国的毛病了,我已发现我们自身的危险了。我们要医好中国的毛病,要去掉自身的危险,只有起来革命!革命!"余宏文将个人与社会紧密结合,认识到社会苦难是个人无法逃避的。与其不闻不问、困守书斋,不如选择抗争。

当人们不能理解革命者的初心时,余宏文也想过退缩:"不干了吧。

---

① 巴金:《巴金全集(第12卷)》,人民文学出版社,1990年,第239页。
② 巴金:《巴金全集(第1卷)》,人民文学出版社,1961年,第6~7页。

真的，我得着多少利益？还不是替人家干，捐款来了还派得到我出多少不成？何苦去'替古人担忧'？如他们所说的'保着自己的孩子不哭就够了，何苦去讨仇恨'！"但革命还是教育了清泓，他很快便决然地奔向革命，他说："革命是我们认定了的光明大道，绝没有调转身的道理。但目前，危险是与革命成正比例的，革命要免脱危险，那不是一件很滑稽的事吗？家庭是可恋的，妻子是可爱的，只要人非'太上'，哪个又能'忘情'呢？但在这强盗世界，除了地主、资产阶级而外，谁又能保他的父母不冻饿，兄弟妻子不离散呢？既然不能保有室家享其乐趣，何如决然舍去，专心一志走向革命呢？"

### 3. 绝望与希望

《灭亡》反映出巴金对社会理想的迷茫和找不到革命出路的苦闷。杜大心是一个充满矛盾的人。他信仰的"社会主义"固然是美好的，他对旧社会的彻底否定和对被压迫人民的同情在当时是进步的，他迫切地期待着革命早日到来的心情也是可以理解的。然而，他为推翻这个旧制度所采取的行动却是幼稚的，无力的。他接触了张为群，但并不了解工人群众。他同情受苦受难的人民，但对如何推翻这个制度，从根本上改变被压迫者的悲惨命运，他却是无知的。这一切的矛盾构成了杜大心的全部生活。巴金说："我不能说杜大心的身上没有我自己的东西……我们两个都没有找到正确的革命道路，这一点是最重要的。"他还说过，杜大心是"一个想革命又没有找到正确道路的小知识分子"[①]。

与之相反，余宏文则在革命中看到了希望。面对着白色恐怖日甚一日，"清泓对于一般民众的信仰也就一天天地消失下去。他现在向人宣传革命没有人肯注意听了；人们除了革命消息外没有人肯和他亲近"。清泓问："投降他们吗？不能，万万不能。继续革命吗？已经闹成了光杆了。怎样干呢？以前的革命弄错了吗？中国革命除了革除占大多数的工农的痛

---

① 巴金：《巴金全集（第10卷）》，人民文学出版社，1959年，第154页。

苦而外还革什么？未必中国四万万人除去工农而外还有什么人比工农还痛苦些？休说中国没有这么一特别阶级，就是全世界也找不出来。然则为工农谋利益而革命都错了，都是假革命，还有什么才是真的呢？帮着地主、资产阶级找钱，帮助地主、资产阶级压迫工人，为反动派巩固它的统治地位才是真革命？才是对的吗？才是无上的'正党'吗？""那不行！我宁可被砍头也不干这样的革命！"

革命失败虽不足以使清泓气馁，但家庭的逼迫终于动摇了他的心旌。直到他见到郑木匠以后，他才坚定了革命的信心。"当清泓来会郑木匠之先，料他对这件事情（暴动）一定要生畏惧的……不料他竟毫无惧色，处之泰然，而对于他的家庭更无一句话提及。清泓想着自己常常表示勇敢，很能认识主义，革命理论很精通，竟反不如这个毫未受过训练的木匠，深自惭愧。所以他判定真正的贫苦农民没有不勇敢的，也决没有会灰心的。"

## 国中的"异乡"：川大学子的信仰与追求

现代作家中，恐怕没有一个人像巴金那样强调自己的信仰。"我有一个信仰，我愿意人知道它；我有一颗心，我愿意人了解它。"[①] 这样的话他不知说过多少遍，哪怕在绝望无助时，他依然会昂然说："我不怕……我有信仰。"巴金渴望把自己的人生投入理想的奋斗中，但他的兄长却在用自己的理念规范着他的发展，家人期望巴金学成回国之后能"复兴家业"。巴金的三哥明确告诫他"到法国后应当以读书为重，外事少管"。[②] 在兄长的眼里，很多有社会价值和意义的事情被他们视为和读书相对立的"外事"，而恰是这"外事"，却是巴金获得社会价值和意义的重要基石。如果

---

① 巴金：《巴金全集（第10卷）》，人民文学出版社，1959年，第231页。
② 巴金：《巴金全集（第16卷）》，人民文学出版社，1990年，第483页。

没有这基石，巴金所谓的"读书"也就没有什么社会价值和意义了。

余宏文就读于华西协合大学。华西协合大学是教会学校，"是帝国主义进行文化侵略的机关，（受"五卅"运动感召）所以就组织退学团，鼓吹同学自动退出教会学校，以遏止文化侵略。可是官立学校方面和政府方面，都毫不予以援助，反而万般刁难，以致退出的同学不能转入相当的班次。大半是灰心后转回校，自尊心强的就被迫失学。"[①] 余宏文正是其中的一个。他认为读书与革命是万难分开的。他说：

> 只是每日伏案读书，不闻不问天下的事是不对的，尤其是生在我们中国的青年，更不应该只是埋首读书。不是说埋首读书是绝对不对的，实在是没有那福气呀！你想，中国现在是这样糟，外受帝国主义的侵凌，内受军阀的蹂躏，什么政治、实业、教育都濒于破产，小百姓却还是蒙昧无知的；所以震聋发聩为革命奔走是现在青年学子的责任，若还是埋首读书，一概不周世事，那便只有死做一堆。所以读书要莫离革命，离了革命便是读的死书。因为学以致用，革命不成功，学便无处用；又莫说读好了书才来革命，若是这样想，便等于亡了国才来革命，而且读书不革命化，是无论如何也读不通的。但是一味地醉心于革命，把书都丢了来革命，那还是不对的，因为革命是含有破坏与建设两个意义在里面，破坏与建设两个问题不是任何人都能解决的，其中的学理非大学生不能窥其涯涘。要是不读书就要想去革命，那便是瞎闹。[②]

在余宏文看来，要有知识才配谈革命，否则就是盲动、瞎闹。"所以现在的青年虽然该参加革命，却不要忘去了读书。"

巴金的苦恼在于他生活的整个世界似乎离不开书房，他没有机会像小说中所写的那样献身于信仰，他的热情、孤独、焦灼只能化为文字，而这

---

[①] 余宏文：《清泓》，作家出版社，1958年，第36页。
[②] 余宏文：《清泓》，作家出版社，1958年，第39页。

些呼喊的革命和追求光明的文字，反过来又增加了他的焦虑。"当一些人正为着光明、爱、幸福，为着那个目标奋斗、受苦以至于死亡的时候，你却躲在你自己写成的书堆里，让稿纸消耗你的生命……你永远把你的行为和你的思想隔开，你永远任你的感情和你的理智冲突，你永远拿矛盾的网掩盖你的身子！你，你这个伪善者，你真该诅咒。"① 阿里夫·德里克对无政府主义的巴金评价道："不管无政府主义者提出的解决中国问题的方法看起来是多么幼稚，他们可能比他们的同时代人都更能意识到民主的复杂性。他们对中国革命话语的形成所作的贡献也表明了那种话语的复杂性，这种话语成为了追求社会革命过程中的持久生命力的源泉。"②

无论巴金，还是余宏文，他们都代表了20世纪20年代川大学子的某种信仰与追求。令人深思的是，20世纪20年代的四川地处偏僻，川大学子为何仍能胸怀天下，用小说这种颇为现代的形式表达自己的思想呢？

首先，这是由四川的文化气息决定的。1925年，舒新城应邀入蜀，任教于成都高师，其一路上最感不快的，就是在新闻纸上得不着新闻。他指出，堂堂"国立高师"的图书馆，"无论在普通的报纸杂志方面或专门的教育书籍方面，似乎比我家所备的还有限……图书馆内亦有若干定期刊物，但除了省外各校赠阅者外，都是本省的东西，而关于全国及世界的各种新闻则又无不从京沪报纸中转载而来。故在此地欲求从新闻纸中了解天下大事，其难至少也与上青天的蜀道相等"③。报纸杂志少，新闻又不"新"。但20世纪20年代的川人并不甘于"落后"。事实上，近代四川社会心态大抵仍偏向于"新"的一边。④ 例如，成都"五老七贤"之一、四川大学教授刘咸炘，珍惜时光，不好社交，涉猎广泛，做学问往往穷原

---

① 巴金：《巴金全集（第12卷）》，人民文学出版社，1990年，第254~255页。
② 阿里夫·德里克：《中国革命中的无政府主义》，孙宜学译，广西师范大学出版社，2006年，第32页。
③ 舒新城：《蜀游心影》，中华书局，1939年，第53、127、147页。
④ 李璜：《学钝堂回忆录（上）》，香港明报月刊社，1982年，第18~20页。

竟委。

四川本就是人文荟萃之地，由于地域限制，为学风气往往与国内主流有异，而南北学者对于蜀中学问颇为不屑，以为其闭门造车、无足称道。但川内学人能知耻后勇，自坚信心，乘势而起，革故鼎新。金毓黻曾经感叹道：

> 今世非无美才，特伏处岩穴不肯出耳。吾华文章之士多出于蜀，亦以蜀士早见于史乘，如司马相如、扬子云其杰出者也。遗风不替，绵绵可接。今之文士，亦当以蜀为雄。岂以山川奇秀使然耶？蜀士如谢无量，以诗以书雄于时；如郭沫若，其学亦杰出；如张大千，以画雄于一世。求之南北各省罕有其匹，讵非明证？①

其次，这是川大的人文底蕴养成的。1922年，王右木在致团中央负责人的信中说："中国人无三人以上的团体之说，四川人恐怕尤其表现得更厉害。哪有SY的工作，不与军阀派别上生冲突的？使冲突一关系到自己生活基础上，信念一不能战胜物质条件的压迫，这时工作进行，任如何具普遍性质，都不很危险吗？"② 1923年，他在给施存统的信中说："因为四川不少天然的可觉悟的矿苗，只在吾人慎切的向下层方面、各地的下层方面去接触，接触愈慎切，挥手可珠金，更且可说遍地皆是。……人类虽多是散沙，但高压时才真是天然机会，四川才真是不少的天然机会。"③ 王右木回川后，被成都高师校长吴玉章聘用为成都高师附属中学主任，吴玉章还将在泸州川南师范学堂任教的恽代英和萧楚女聘请到成都高师任教。吴玉章早年留学日本，参与了同盟会的创建，后到法国巴黎学习，曾与蔡元培、李石曾创立华法教育会，于1922年8月被任命为成都高师校长。履职

---

① 金毓黻：《静晤室日记（第9册）》，1948年2月1日，第6528页。
② 《王右木致团中央负责人的信》，载中央档案馆：《四川革命历史文件汇集（1922—1925年）》，内部资料，1986年，第6页。
③ 《王右木给施存统的信》，载中央档案馆：《四川革命历史文件汇集（1922—1925年）》，内部资料，1986年，第56页。

后，其主持制定《成都高等师范学校学科编制大纲》，积极完善课程体系的设置：改国文部为文史部，数理部为数理化部，后又将数理化部分设为数学部和理化部；同时扩增自然科学门类和课时，减少陈旧的课程和经学的门类和课时，取消了宣扬宋明理学、封建道德的伦理课，并将《哲学概论》和《教育学》作为理科学生的必修课。

20世纪20年代，"西学"在教育界已经稳占主流，使"中学"不得不"洗心革面"，而此时的人文教育还没有"学科化""专门化"，这使得恽代英等人利用在成都高师任教之机，建立健全党团组织。他们在成都高师成立研究学术的机构——马克思主义研究会，地点设在学校的明远楼，每周至少召开一次研讨会，每次由一二人主讲，由会员介绍有关人员旁听。研讨会多由恽代英同志口头讲述马克思主义、阶级斗争，以及国际共产主义组织等内容。[①] 王右木也在成都高师设一读书会，"集合好读新书报者，合而一之，右木以心得暗中指导，似有头绪。当创办《人声》十日刊，十日刊后改周刊，因学潮事停版。中间曾将高师校内部读书会，改为各校共通的读书会，取名为《人声》报附设者，其态采仅结合学生及工人之宣传，并非偏重学理研究及向各人脑中有效的输入也。"[②]

正是这种开明的风气，使得川大学子在积极融入学术主流的同时，将国家的前途与个人的发展结合起来，使他们跳脱出读书为个人的想法，努力坚持着自己的信仰和追求。

第三，这是川大师友间切磋琢磨、砥砺前行的结果。巴金自己说，在川大期间，影响他最大的有一个人、一部书、一部剧。一个人指吴先忧（川大学子，无政府主义者，强调实践主义，弃学当裁缝，为他们的杂志筹措经费），巴金在这个时期深受同学吴先忧的影响，并在多部著作中提到了这个人。一部书指《少年》，正是从这部书中，巴金接触到了无政府

---

[①] 叙永县档案史志局：《陆更夫传》，中共党史出版社，2018年，第36页。
[②] 中央档案馆：《四川革命历史文件汇集（1922—1925年）》，内部资料，1986年，第45页。

主义，接受了互助论，"它教会了我奉献"。一部剧指《夜未央》，"它教给了我爱"。① 对于亦师亦友的吴先忧，巴金在《我的几位先生》中写道：我有三个先生，即母亲陈淑芬、轿夫老周、编辑吴先忧。母亲教给我"爱"，轿夫老周教给我"忠实"，朋友吴先忧教给我"自我牺牲"。我的这个先生的牺牲精神和言行一致的决心，以及他不顾一切毅然实行自己主张的勇气和毅力，在我的心里留下了不可磨灭的影响。我第一次在他的身上看见了信仰开出的花朵。他使我第一次知道，一个人靠毅力会做出什么样的事情。② 巴金在他的《激流三部曲》中还描写了一位革命者——方继舜。方继舜的原型是他的另一个学长——革命烈士袁诗荛。巴金多次强调"觉慧不是我"，但当时的活动却都是"我目睹了的"③，因此《激流三部曲》中描述革命活动时提到有关学校的内容就是以四川公立外国语专门学校为舞台的，虽然是文学作品，但还是基本反映了那个时候的校园生态。

而对余宏文影响最大的是他的学长也是老师的郑佑之。1922年，郑佑之在恽代英的帮助下，投身革命事业，经组织介绍与天津的邓颖超、李峙山和四川的王右木、何秘辉、萧楚女、钟善辅、刘亚雄等早期党团员取得联系，开展马克思主义的传播工作。他组织读书会、图书共阅会，培养积极分子，发展革命力量。从1923年开始，他先后将余宏文、李坤泰、李绍唐、肖简青、李坤杰、李坤能、谢耿藩、雷本涵等人发展入团。1927年，大革命失败后，郑佑之在农村仍能号召2万多人，武装千余人，被广大农民尊称为"农王"。④ 1930年春，重庆党组织受到很大破坏，省委决定将机关迁至成都，将对敌斗争经验丰富的郑佑之留在重庆坚持工作，并决定成立川东特委，由郑佑之负责川东特委工作。他调来了由他亲自培养入党的学生、同乡并共同战斗多年，且对党忠诚的余宏文，并把余宏文安插进刘

---

① 党跃武：《巴金与四川大学》，四川大学出版社，2015年，第11页。
② 蒲兰：《〈家〉里的张惠如原型是巴金老师吴先忧》，载《成都日报》，2012年11月25日。
③ 党跃武：《巴金与四川大学》，四川大学出版社，2015年，第11页。
④ 中共宜宾县委党史研究室：《郑佑之文稿》，重庆出版社，1998年，第3~6页。

湘的二十一军。这仿佛是在敌人心脏里安上了一把尖刀。郑佑之对刘湘的二十一军的反共计划、行动等了如指掌,有力地保护了党组织的安全。诚如王汎森所言,凡是一个学派最有活力、最具创造性之时,一定是一群人不但做着"白首太玄经"的工作,同时不拘于形式地围绕着一两个中心人物自由交流、对话……风的形成不只是老师对学生纵向的讲授,而应有"纵"有"横",有"传习"而得,也有来自四面八方不期而遇的吉光片羽。[①] 正是川大师友间的切磋琢磨,敦促他们思考,砥砺他们前行。

  这里将这两篇小说放在一起,无意做文学比较,判断文学价值的优劣,而欲从中窥见、明晰20世纪20年代川大学子的心路历程。随着"五四"热情的消退,国民革命的失败,很多年轻的知识分子都无法出离于愤怒、绝望、迷茫和苦闷,巴金和余宏文也是一样。所不同的是,他们选择了呐喊。去往法国的游子在绝望无助时,依然昂然说:"我不怕……我有信仰。"被关进五通桥监狱、随时面对死亡威胁的革命者说:"同志们,你们莫愁,革命的火是扑不灭的,革命者是杀不完的。"

---

① 王汎森:《天才为何成群地来》,社会科学文献出版社,2019年,第90~91页。

## 来自家庭的革命

四川学者刘咸炘认为，中国传统传记更强调政治事件，传记所记往往是政治人物的生平事迹，对于平常百姓、社会风俗，其往往多有忽略。其实近代中国的变化，不仅表现在风云变化的政治事件中，更多的时候是以家庭为媒介，潜移默化地改变着这个社会。

家庭教育在中国革命初期是有它的重要推动作用的。郑佑之作为李坤泰（赵一曼）的姐夫，通过家庭教育将李坤泰一步步培养成革命者，更将李家的亲戚带进革命阵营，与他一起走上革命道路。这并不是一个特例。曾彦修也在回忆他的革命生涯时说："哥哥给了我政治方向。"① 在他眼里，哥哥对他的影响至关重要。"我对他的感情，比对父亲的感情深得多。我父亲教旧道德。因此，我对哥哥，比对父亲还尊敬。""我哥哥对我的教育，是一种启蒙教育，是爱国思想的教育。当时，我哥哥也不讲主义，他灌输的主要是一种爱国的悲情思想。这个很厉害。我内心的那种悲情是影响我今后道路选择的。"由于受哥哥的影响，曾彦修兄弟姐妹四人，全是共产党员。② 可见，研究中国革命不能不关注家庭。

值得注意的是，李海燕根据雷蒙·威廉斯所谓"感觉的结构"的概念，将近代中国"感觉结构"的谱系定为"儒家感觉结构""启蒙感觉结构"和"革命感觉结构"。在他看来，儒家情感体系直白地推崇爱有差等，也就是说，"家庭将婚姻关系置于纵向亲族关系的从属地位，抵制夫妻之间依恋情绪的表达，而最终又将一切情绪生活置于生产生活之下"③。"五

---

① 曾彦修：《曾彦修访谈录》，人民文学出版社，2020年，第17页。
② 曾彦修：《曾彦修访谈录》，人民文学出版社，2020年，第18页。
③ 费孝通：《乡土中国》，生活·读书·新知三联书店，1991年，第46～52页。

四"以后,"儒家的感觉结构"为"启蒙的感觉结构"所取代,年轻一代反对封建束缚,争取民主自由,但正像鲁迅在《坟》中所言:"在目下社会里,经济权就见得最要紧了。第一,在家应该先获得男女平均的分配;第二,在社会应该获得男女相等的势力。"① 因此,自主的要求自然而然地转化为对社会的抗争。在"家族国家观"中②,对家的反抗变成对国的革命。"革命频繁地与爱情、婚姻和家庭配合出现,预示着一场广泛的社会变化的到来。"③ 中国传统上是以家庭为本位的。因此,近代以来,中国革命史在某种意义上是家庭革命史。家庭的革命,带动了整个家庭甚至国家的改变。

## 郑佑之与李家

宜宾,川南重镇,"在经济上说,当然是农业社会,支配一般人思想的是宗法思想和极端的个人主义,宰制一般人的势力,便是封建式的小军阀及其走狗——劣绅土豪、奸商市侩",百姓"毫无国家观念和社会观念","持斋念佛的妇女占女界三分之二以上"④。"绅士方面,因为他们有历史的关系,直接的或间接的大半都做了驻军的走狗,不然就是愚得可怜,天天在那里长吁短叹的,什么'我夫子之道'呀,'先王遗教'呀,'圣人复起'呀叫个不休。总之他们是社会进化的障碍物,但是他们又学到几句'赤化''过激''共产'来骂人。然而这些障碍又因种种环境关系已是不久于阳世了,他们遗产宗法社会,亦不能长久保存了,因为他们的

---

① 鲁迅:《坟》,人民文学出版社,1998年,第153~154页。
② 尾形勇:《中国古代的"家"与国家》,中华书局,2010年,第44~61页。
③ 李海燕:《心灵革命:现代中国的爱情谱系》,北京大学出版社,2018年,第272页。
④ 中央档案馆:《四川革命历史文件汇集(1922—1928年)》,内部资料,1986年,第366页。

子孙大半都渐渐觉醒过来了。"① 共产党人郑则龙的判断大抵不错，宜宾的宗法社会在20年代开始瓦解，他们的子孙也慢慢觉醒了。

郑佑之于1913年考入四川高等农业学校，学业未竟，毅然投笔从戎，入吕超部队，参加反袁护国斗争，1917年回乡任教。1919年，郑佑之联络荣县柳嘉乡有识之士，筹办新式小学，并被推举为校长。时值五四前后，他积极宣传"新文化"。在此期间，郑佑之与川南师范学堂校长恽代英及成都王右木、何卓辉等通信结交，共同"研究乡村教育，以为实行改造地方之入手"，希望通过努力培养人才，以改造社会。

1922年，郑佑之应邀去宜宾县合什宣化小学任教。他大胆提出开设民国班、工读班，校门向平民开放。县知事罗正冠对郑佑之改革教育的主张大加指责。郑佑之据理力争，对县知事的言论进行抨击，并撰写批判文章寄送报社和友人，得到广泛支持。同年，经恽代英介绍，郑佑之在成都加入社会主义青年团，后转为党员。从此，郑佑之不断收到党组织寄来的《中国共产党宣言》《通告》《向导》等党内文件和宣传马克思主义的报刊书籍。他除了与恽代英保持联系，还经组织介绍与天津的邓颖超、李峙山和四川的王右木、萧楚女、钟善铺、刘亚雄等早期党团员取得联系，传播马克思主义。按照中央关于在没有党团组织的地方，党员应首先帮助发展团员建立团组织的指示，他在宜宾、荣县乡间的教师、学生、青年、妇女、农民中，广泛组织读书会、图书共阅会，通过阅读革命报刊的方式，物色对象，培养积极分子，发展团员。

李鸿绪是四川宜宾县北部白花乡伯阳觜村李氏家族中是最有威望的一位。他参加过乡试，捐过监生，后自学中医，治病救人。李鸿绪思想开明，家道殷实。李家有兄弟姐妹8人，为大姐李坤俞、大哥李席儒、三姐李坤簏、四姐李坤能、五姐李坤舆、小妹李坤泰、小弟李绍唐。大姐李坤

---

① 中央档案馆：《四川革命历史文件汇集（1922—1928年）》，内部资料，1986年，第367页。

俞与郑佑之结为伉俪，她于1918年病故。郑佑之的岳父又将五女李坤舆许配给郑佑之，李坤舆于1922年临产身亡。此后，郑佑之没有再娶。由于这一关系，郑佑之在李家的地位十分特殊。

李席儒与郑佑之势如水火，郑佑之在给妹夫肖简青的信中说："李席儒现在与我各走极端，几乎面子上都敷不下去了。今后的伯阳觜我也不再去讨嫌了。我劝你对于伯阳觜，如有银钱轻，早日划清他（席儒）。"① "我对于席儒，尚不知如何才好？他那种自私自利的心，实令人莫可如何，枉自我起一片同化的心，而今也只得说声'罢了'。"② 两人的矛盾实际上是传统士绅与新一代知识分子之间的对抗。据传，每当郑佑之来，伯阳觜就热闹非凡，酒席宴上不是赋诗，就是大摆龙门阵；什么辛亥革命、推翻帝制、走向共和，这些新名词不断涌出。③ 郑佑之的进步思想深深影响了李家姐妹，其中，二姐李坤杰嫁给曾家湾肖简青（肖简青是郑佑之的同学），二人婚后感情甚笃，他们后来追随姐夫郑佑之，成为川南早期革命活动的支持者。四姐李坤能，听信父母之命、媒妁之言，嫁给一个疯子。由于婚姻不幸，她最终还是冲出了家庭牢笼，成为郑佑之和李坤杰夫妇的同路人。小弟李绍唐也成为郑佑之的追随者。李家姐妹中，受郑佑之影响最大的是李坤泰。1918年，李鸿绪去世，大姐夫郑佑之对李坤泰悉心辅导。一次，郑佑之拿着一片海棠叶，指着叶缘凹陷处对她说："它像中国地图，这些缺口就是被帝国主义吞噬的！"④ 通过这样的方式，李坤泰开始在郑佑之的影响下走上革命道路。

---

① 中共宜宾县委党史研究室：《郑佑之文稿》，重庆出版社，1997年，第64页。
② 中共宜宾县委党史研究室：《郑佑之文稿》，重庆出版社，1997年，第76页。
③ 李云桥：《赵一曼传》，载《世纪桥》，2009年第3期。
④ 田若川：《赵一曼与给她深刻影响的郑佑之》，载《四川党史》，1999年第6期。

## 郑佑之与赵一曼

中国传统社会里,男尊女卑的观念根深蒂固,"女子无才便是德"的思想深入人心。近代以来西风东渐,女性的生存状态在晚清的社会震荡中发生了变化。梁启超在《变法通议》中指出:"天下极弱之本,则必自妇人不学始。"[1] 1922年,北洋政府实行壬戌学制,使男女同校成为可能。思想的转变往往从观念开始,郑佑之通过信函,努力改变李坤泰的思想观念。1921年12月,郑佑之在给李坤泰的信中说:

> 你们姑嫂不和,是你读不成书的大原因。你嫂嫂既恨你,你哥哥当然恨你……只要你拿定主意,正正大大的做事,明理的人自然会赞成你、帮助你的。你哥哥虽横,但他越不讲理,他的不好过日子,越来得快。你尽可以放心看书,多得些见识,将来绝不致饿饭的。……纵然你哥哥不赞成给你地方,总要使你衣食无缺。他若是怕分地方时,你才让一步,叫二姐出来转拐,要他出钱送你读书,他答应出钱送你,你才答应不分他的地方,这也是一个法子。[2]

李坤泰希望出外读书,遭到兄嫂反对。作为姐夫的郑佑之坚决站在妹妹这边,在他看来,中国革命首先是政治革命、社会革命,社会革命的对象自然包括宣扬"三从四德"的传统伦理道德,因此革命应自家庭革命开始。他鼓励李坤泰:"你既有这宗觉悟,这宗进步,尽可以自信,不必灰心气馁,各自一步步的朝前走!……古今成大事的人,无有一个不自信的!"[3] 郑佑之还以列宁为例:"你看四年前受众人咒骂的列宁,而今全世

---

[1] 梁启超:《饮冰室合集(第1册)》,中华书局,1936年,第153页。
[2] 中共宜宾县委党史研究室:《郑佑之文稿》,重庆出版社,1997年,第33页。
[3] 中共宜宾县委党史研究室:《郑佑之文稿》,重庆出版社,1997年,第34页。

界十多万万受压迫的人,与那有良心的资本家、学者,哪一个不称赞他是导师,哪一个不说他是改造世界的救主。"① 因此,他教导李坤泰:"各人的事业各人去做,怕什么艰难,怕什么压迫,尽管向万恶的旧势力冲锋!但要有方法,有实力,不是得一味乱闯。"对于为什么希望李坤泰读书的问题,他说得倒也明白:"学识既少,胆气必弱,恐怕将来人人反对你,把你这一点上进的志气销(消)灭了(遭人诽谤是免不脱的)。"他说:"你看往年康有为的女,从日本独自一人到欧洲,走几万里路去会他的父亲;那海洋波浪的凶恶,还说你河里吗?各自赶船,胆子越赶越大,越大越好。"②

与读书相对应的是婚姻。传统中国妇女结婚讲究父母之命、媒妁之言。大哥李席儒当家后,仍然认为"女子无才便是德",所以"他对一曼进城求学的要求,极端反对,一口拒绝。按照'有儿对贫亲,有女攀高门'的风俗,她大哥便打算替她寻找一个有财有势的婆家"③。郑佑之首先要打破的就是李坤泰的"父母之命"。他写信给李坤泰:"你说你小时'父亲的教育不严',这话错了。凡是父母教育儿女,必定要晓得儿女的'个性','因势利导',引他到正路上去,才是对的,并不是说教育儿女一定要严,口口说教育儿女要严的人,就是不懂教育的老腐败。你父亲虽说对待你们是很爱惜,但是,比我做起那凶神恶煞的估住你们,打骂你们,是高明万倍的了。"④ 他告诉李坤泰,她父亲不是对她不够严格,而是通过"爱惜",使她能够听话,这比"打骂你们,是高明万倍"。他希望李坤泰能够打破"父权"的观念,他说:"'你的父亲'这四字,我写了几回了。不通的人见了,必定说我要不认亲戚,所以不喊'岳父',喊'你的父亲'。但是这般固执不通的话,够不上我去回答他……老朽的人,你们有

---

① 中共宜宾县委党史研究室:《郑佑之文稿》,重庆出版社,1997年,第34页。
② 中共宜宾县委党史研究室:《郑佑之文稿》,重庆出版社,1997年,第39页。
③ 郑则龙:《忆赵一曼同志》,载《四川文史资料选辑(第31辑)》,内部资料,第56页。
④ 中共宜宾县委党史研究室:《郑佑之文稿》,重庆出版社,1997年,第38页。

什么法子能避？早点放开眼界，尚可减免些无谓的淘气。若不把旧思想扫除干净，必看不进我这封信。"① 破除"三从四德"只是革命的第一步，若使李坤泰走出家庭、走向革命，必然要颠覆原有的社会控制体系，争取男女平等、婚姻自由。

对于大哥李席儒强迫李坤泰出阁，郑佑之劝她说："你哥哥呢……他的脑筋被银钱闹昏了……不过他既被银钱所迷，实不能轻易摆脱，你既比他觉悟得早，正该要怜他、助他，使他觉悟。"对于大哥李席儒说"供不起"这个妹妹，希望她赶快嫁人，郑佑之反驳说："'供不起'这话，简直不成话。变成一个人，就该有一份穿吃的，何况是一家人、亲姊妹。"郑佑之还对李坤泰说："他不把你当成肥猪一样的关在家里，你不问他要穿吃也罢，他既把你当成肥猪一样的关住，你当然问他要穿吃，哪个关住肥猪不拿给他吃？哪个肥猪又肯替喂猪人做活路？况且他说他'供不起'，现在你也未要他供。你们吃的穿的都是祖人的遗产，哪个又供了哪个呢？……自然在男性专权之下，这些话他们是不受的（便于他们的，他们可以抬祖宗出来压你，不便于他们的，他们是不欢喜你们拿祖宗去挟制他），但他们决不敢借'供不起'三字就要饿死冷死你，或是卖你。"② 值得注意的是，郑佑之强调李坤泰的问题实质上是"男权专权"的问题，说到底是经济不独立。这一点与陈独秀的看法一致。陈独秀认定女子不幸的十件事，有八件与她们经济不独立有关，他断言："女子问题，实离不开社会主义，离开了社会主义，女子问题，断不会解决。"③

在支持李坤泰读书与抗婚的同时，郑佑之还与她分析造成这样一种问题的社会原因。他说："说到这里，我要郑郑重重地问你一句：你受这些苦，是那个害你的？不是你哥哥，不是你妈，是社会重男轻女的恶习惯把

---

① 中共宜宾县委党史研究室：《郑佑之文稿》，重庆出版社，1997年，第37页。
② 中共宜宾县委党史研究室：《郑佑之文稿》，重庆出版社，1997年，第48页。
③ 陈独秀：《五四时期妇女问题文选：妇女问题与社会主义》，生活·读书·新知三联书店，1981年，第80页。

你害了。不只害你,天下古今,害死多少女子,你说这个恶习惯,该不该打破他,这个恶社会,该不该改造他。"① "你说,'我受这些艰难,完全是旧社会……的恶',这话很对。你既认清楚了,就当要打破他,改造他,免得他又去害年幼的人。"②

推己及人,通过对自己苦痛的反省,推及对社会丑恶的控诉,进而将家庭革命转向"工农革命"。时代心理和国民情绪使革命成为普遍向往的价值和真理。

## 革命观念怎样在家庭中进行

郑佑之在给李坤泰的信中说:"我因为恶社会处处牵制,竟把我一腔望你上进、望你解放的心捆死了。本来我希望你独立,做女界的革命先锋,不过你哥哥既不要你出门,如何冲破这种家庭的枷锁呢?"③ 若要冲破枷锁,首先要唤醒自由意识,停止当下愚昧麻木、隐忍茫然的生活状态。正像凯特·米莱特在《性政治》中提到的那样:"父权制不是要女性公开接受自己的从属地位,而是用严格划分性别的方式,规定女性接受它。当性别角色的观念,通过经年累月不断重复加强,女性便会将它视为天经地义而自觉接受下来,并贯彻到自己言行的方方面面。"④ 妇女解放,需要勇敢地对传统家庭说"不",对男权制、父权制的惯有思维说"不"。郑佑之的关心和爱护,是李坤泰冲破封建罗网的精神动力。郑佑之对李坤泰的引导,表现在以下几个方面。

---

① 中共宜宾县委党史研究室:《郑佑之文稿》,重庆出版社,1997年,第40页。
② 中共宜宾县委党史研究室:《郑佑之文稿》,重庆出版社,1997年,第41页。
③ 中共宜宾县委党史研究室:《郑佑之文稿》,重庆出版社,1997年,第51页。
④ 凯特·米利特:《性政治》,宋文伟译,江苏人民出版社,2000年,第153页。

1. 亲自教导

郑佑之不仅写信鼓励李坤泰,更是亲自教导她。他写信给李坤泰:"现在我把英语会话,替你写了些来,你可细心研究,如是有长进,我还可以教你一些。但是我那个英语,多半有些错的(因为慌忙了)。你如是懂不起,可以写信来问(哪一课哪一路须写明白)。"① 郑佑之觉得李坤泰文笔不错,便鼓励她说:"你的信写得很好……你好生操习,将来必可成为新文学家。叙府的老先生,也住不久了,你考学堂,各自做白话,不怕得,一定考得上。"后来郑佑之还给李坤泰寄去《女子参政之研究》《精神讲话一般》。他还将《两个工人谈话》拿给她看,叮嘱她"这是鼓吹无政府主义的,你要留心,并不是完全都对"②。他亲自教李坤泰语文和算术,给她订了《向导》《新青年》《妇女周刊》《觉悟》等进步刊物,启发李坤泰的革命心志。③ 他指导李坤泰说:"我带来的书,你看不完,可以慢慢看,看时须注意我加了红圈圈的。"④ 1922年11月,郑佑之将《共产党宣言》交给李坤泰,这是1921年12月中共驻共产国际代表根据英文稿翻译成中文内部刊发的,以之作为接纳党员的标准。他写信说:"《共产党宣言》是人人都看得的,但是未见得人人都看得懂,若是看不懂,歇几天又看,将来终究会懂的。"⑤ 郑佑之采用书信的方式指导李坤泰,谈体会、认识、理想、人生……在郑佑之的引导和革命思想启迪下,李坤泰的思想发生了质的飞跃。

2. 亲戚帮助

郑佑之鼓励李坤泰走出家庭,去学校学习。他给李坤泰出主意:"你现在的困难,不在无人同路,而在无钱出门。在成都求学的费用,至少要

---

① 中共宜宾县委党史研究室:《郑佑之文稿》,重庆出版社,1997年,第36页。
② 中共宜宾县委党史研究室:《郑佑之文稿》,重庆出版社,1997年,第38页。
③ 中共宜宾县委党史研究室:《郑佑之文稿》,重庆出版社,1997年,第3~6页。
④ 中共宜宾县委党史研究室:《郑佑之文稿》,重庆出版社,1997年,第46页。
⑤ 中共宜宾县委党史研究室:《郑佑之文稿》,重庆出版社,1997年,第38页。

安排八十元，即使我负担三十元，二姐负担十五元，也还欠四十元之谱；你如能筹足四十元（至少三十元）之学费，我劝你三十六计走为上计。"① 对于大哥李鸿儒心疼钱，不送李坤泰读书，郑佑之嘱咐李坤泰："你可以叫他把你的赔奁钱拿来送你读书……万一赔奁钱他都不肯拿出来的时候，你可以请二姐、四姐帮你借；借不出我还可以打主意。"② 他希望李坤泰团结周围的亲人："你现在还是联络你一般婶娘、姐妹、弟侄，使他们随时帮你说话。此外，你对于一般穷人和穷人的儿女，你也要尽力去帮助他们，使他们感激你，听你的话，慢慢的再看时机。你哥哥再横，横不过五年，你在这五年之中，千万不要得罪众人。"③ 革命首先要分清敌我，其次要分清主次，只有这样，革命才有望成功。

对于年轻人来说，冲破礼教是新青年的使命。郑佑之断言："年轻的人才晓得家庭的罪恶、家长的横暴。我说，家庭的破坏，不坏在我们主张打破家庭的人，而坏在他们那一般不良的家长。旧家庭怎么会破坏呢？破坏在旧家庭自身——与旁人何干。"④ 在郑佑之看来，年轻人是家庭革命的主力军，传统道德已经严重束缚了青年的自由与发展，国家社会的改造犹如人身的去腐生新，青年既是社会新陈代谢的决定力量，更是社会有机体中新鲜活泼的重要组成，未来永远属于年轻人。

3. 请党组织帮忙

据郑则龙回忆，1926年元月的一天，郑佑之同志对我说："淑宁（李坤泰）的大哥席儒想把她嫁出去，我同坤杰决定支持她从家里逃出来读书。组织上对这件事的意见怎么样？"那时淑宁已经是共青团白花场支部的成员。郑回答："我想组织上是不会不支持的。这也是我们反封建斗争

---

① 中共宜宾县委党史研究室：《郑佑之文稿》，重庆出版社，1997年，第50页。
② 中共宜宾县委党史研究室：《郑佑之文稿》，重庆出版社，1997年，第41页。
③ 郑则龙：《忆赵一曼同志》，载《四川文史资料选辑（第31辑）》，四川人民出版社，1984年，第56页。
④ 中共宜宾县委党史研究室：《郑佑之文稿》，重庆出版社，1997年，第57页。

的一项工作呀，何况淑宁还是自己同志呢？"当晚郑就在地委的例会上提出了这个问题，同志们一听说支持自己的亲人冲出万恶的封建牢笼，都异常兴奋，一致表示全力支持，当即作出决定：出来时住郑家；定女中团支书郑秀石同志做她的向导，负责解决考学校及照顾她的生活等一切问题，随时向组织联系汇报。① 通过党组织的帮助，李坤泰看到在家庭之外党组织的力量，这更使她有了冲破枷锁的信心，也寻求到革命的方向。郑佑之跟李坤泰说："讲到我青年团的责任，更见不敢不帮助。你将来若是入了青年团，你还是一样的要去帮助人。'感激'二字，再也休提。"② 郑佑之说："现今的世道，除了革命，莫得第二条路走了。你反抗你哥哥，便是家庭革命；你终身不出阁，也算伦理革命。但这些都是小革命，不彻底的革命。如果社会大革命成功，这些小革命也就跟着成功了。"③ 寻求富强是萦绕在共产党员心头的问题，为了塑造现代国家，就需要打破传统的束缚，特别是家族的束缚，再将自由的个体的力量凝聚到国家层面。"五四"以来，家庭革命者认为家庭压制个人，要从家族、乡土甚至家庭本身解放出来，才能实现个人的自由，进而成为新社会的一分子。

## 一个家庭的改变

郑佑之对李坤泰说："近来大家都说我是共产党（其实我是青年团不是共产党）了，这也不要紧，他既说我是共产党，我就自认是共产党。但是，共产党是正大光明的，是不怕人的。讲到亲戚上的感情，我是极愿帮助他们的……他说我要邀这一般青年男女入共产党，我硬是要邀这一般青年男女入共产党；他说我要打灭私有财产，我硬是要打灭私有财产。随便

---

① 中共宜宾县委党史研究室：《郑佑之文稿》，重庆出版社，1997年，第57页。
② 中共宜宾县委党史研究室：《郑佑之文稿》，重庆出版社，1997年，第41页。
③ 中共宜宾县委党史研究室：《郑佑之文稿》，重庆出版社，1997年版，第57页。

什么古先圣贤的话，都压我不下了。""我已决定你是一个改造社会的得力人了。所以我极想帮助你，引你到革命的路上去。"①

1923年，郑佑之与在川北南充中学任教的社会主义青年团员何必辉以通信的方式，介绍李坤泰加入社会主义青年团。此时，她已认清家庭和社会的黑暗，写了一篇自述——《请看我的家庭》。李坤泰开门见山地写道："全世界的姊妹们，请看我的家庭，是何等的守旧！是何等的黑暗！我自生长在这黑暗家庭中，十数载以来，没有见过丝毫的光亮。阎王似的家长哥哥死死把我关在那铁篱城中，受那黑暗之苦……我到这个时期，已经觉悟了，觉得我们女子受专制礼教之压迫、供专权男性的玩弄，已经几千年了！我们女子受了几千年不平等、不人道的待遇，那些没有良心的家长，还拿什么八出（七出之中加一条"不顺兄出"）、四从（"在家从父"下加一条"父死从兄"）的话来压迫我们。可怜我们许多女子还深深被压迫在旧社会制度之下，受那黑暗的痛苦啊！我感觉到这个时候我极想挺身起来，实行解放，自去读书。奈何家长不承认我们女子是人，更不愿送我读书……同胞的姊妹们呀，请帮我设法，看我要如何才能脱离这地狱似的家庭，才能达得到完全独立？……他——家族哥哥——却又要用一种卑劣的手段，逼我出阁了。务望亲爱的同志，替我作主呀！"② 李坤泰从自己的不幸中认识到社会的黑暗，提出"可怜我们许多女子还深深被压迫在旧社会制度之下，受那黑暗的痛苦啊"，呼吁"务望亲爱的同志，替我作主呀"。此时的李坤泰已经认识到，妇女不仅需要谋求自身解放，更需要有改造社会的行动。

郑佑之读罢，激动不已，对其稍加润色，即将文稿寄给天津《女星》周刊编辑部李峙山女士。天津《女星》社是以邓颖超为首的一批具有初步共产主义思想的青年知识分子联合其他进步知识分子发起，主要从事妇女

---

① 中共宜宾县委党史研究室：《郑佑之文稿》，重庆出版社，1998年，第37~38页。
② 李一超：《在家长式的哥嫂下生活的李一超女士求援》，《女星》，第51期。

运动的进步团体，其宗旨是"实地拯救被压迫妇女""宣传妇女应有的革命精神""力求觉悟女子加入无产阶级的革命运动"。1924年7月，李峙山审读了李坤泰（笔名李一超）的自述，决定将其发表，并将标题改为《在家长式的哥嫂下生活的李一超女士求援》。该文发表后，引起很大反响。《女星》第53期特辟"援助李一超"专栏，李峙山加编者按："自本刊发表李一超女士自述文章后，接连收到同情心援助的函件三十余封……足见中国人并不是没有同情与互助精神的。"① 1926年，李坤泰终于在大姐夫郑佑之及二姐李坤杰的帮助下，冲出了封建家庭樊篱，考进宜宾女中。1926年10月，党组织决定送李坤泰到黄埔军校武汉分校去学习。1927年9月，党组织又派她到苏联学习。

在帮助李坤泰的问题上，二姐李坤杰、肖简青夫妇起了很大作用。郑佑之在给李坤杰的信中说："幺妹读书除了你简直莫人能够成全她。"② 他在给肖简青的信中说，"我顶佩服你和二姐的热心"，"二姐豪之气犹存，你也心地恬淡光明，都是新社会里的有力人物"，"我站在新社会边上，拍手欢迎你夫妇到改造过的大好世界。……不要把自己看小了，随时要觉得自己是改造社会的有力人物。有什么丢不脱的烟？有什么办不了的事？"③ 郑佑之虽然强调个人是社会的产物，但他仍然希望所有的人都能加入中国共产党，只有越来越多的人参与进来，才越有希望改变既有的制度。郑佑之希望李坤杰夫妇能够加入共青团，他语重心长地说："说到改造二字，谈何容易，假如大家努力的时候，实现的时期，倒也不远，不然我们这一辈子，是不能看见的（我不能以即刻见效来哄你，你也不必求速效）。我说这话，胆小的望急见功效的，自然都要灰心。但我们除了这条路，终莫得一条可靠的路，并且畏难苟安，也不是人们应做的，所以我们只有鼓着

---

① 《援助李一超》，《女星》，第53期。
② 中共宜宾县委党史研究室：《郑佑之文稿》，重庆出版社，1997年，第81页。
③ 中共宜宾县委党史研究室：《郑佑之文稿》，重庆出版社。1997年，第69页。

勇气向前走去，自然有走到的一天。"①

改变社会不能只靠个人，必须通过能聚集众人力量的组织。改变社会要依托国家、法律等形式，这就需要无产阶级国家的建立和无产阶级专政。郑佑之指出："本来各人的信仰，是不可勉强的，你们不信，我不能拿道理来劝你，只请你们细看事实（大势逼来，已莫得小资产阶级立足的地方了，你们切不可替有钱人争闲气）。事实已经证明：二簸簸该穷，穷人不革命该死。青年团好比取生的人，不过等产母临盆的时候，帮产母一把，使他早点生下来，免产母吃亏罢了。"② 共产党和青年团的目标就是求得人民解放，这就要求共产党和青年团统一意志、不畏牺牲，坚决执行党的决议，凝聚成为战斗的团体。在郑佑之的帮助下，1925年冬，李坤杰夫妇和四妹李坤能一起加入社会主义青年团。1926年，妇女解放同盟会开展了纪念孙中山逝世周年的活动，发表了宣言《宜宾县白花场妇女解放同盟会为孙中山逝世周年纪念日告女界同胞》，号召妇女参加国民革命。1927年春，李坤杰负责领导妇女解放同盟会，在白花场禹王宫创办女子小学，自己出任校长。女子小学首次招生共50多人，一些出身为贫苦农民的女孩子和妇女第一次跨进学校大门，接受进步思想。

"家庭主义"是中国文化传统的核心价值，具体体现为对于家的守护和重视。新文化运动时期，受西方思想的影响，知识分子对于家庭的批评不胜枚举。鲁迅揭露了传统礼教"吃人"，周建人则断言"中国的旧家庭是君主专制政治的雏形"。诚如罗志田先生所言："在我看来，家庭革命是近代中国特异性的一个典型表现。因为我们一向都说家庭是温暖的港湾……但在近代中国，家庭这一多数人类社会历来看重的温暖港湾，却忽然失去了它在过去和外国都曾具有的广泛社会功能，特别是对其成员的护

---

① 中共宜宾县委党史研究室：《郑佑之文稿》，重庆出版社，1997年，第71页。
② 中共宜宾县委党史研究室：《郑佑之文稿》，重庆出版社，1997年，第72页。

佑；并承载着大量新增的宏阔政治负担，被视为救国兴邦的桎梏，是一个阻碍国家民族发展的负面象征，成了革命的对象。"①

近代以来，家庭与国家间存在张力，家庭成为阻碍国家发展的负面象征，今日研究者往往只注意到冲决罗网的一面，而忽略了近代"革命话语"也是通过家庭来进行传递的。在川大英烈中，郑佑之与赵一曼、何秉彝与何秉钧等，都是通过家庭来影响成员，进而使他们走上革命道路的。近代家庭的空间中，既有"革命话语"的撒播，也有"革命行动"的传递。

---

① 罗志田：《序言》，载赵妍杰：《家庭革命：清末民初读书人的憧憬》，社会科学文献出版社，2020年。

下　编　救亡中国，舍我其谁

# 20世纪二三十年代川大人的革命选择

近代以来，青年曾经喊出"到黄埔去""到武汉去""到延安去""到边疆去""到祖国最需要的地方去"的口号，中国青年以青春之我，建设青春之国家。20世纪20年代中期，恽代英描述说："北方青年普遍认为摆在前面的只有三条路，一是读死书，二是无意义的玩耍，三是'到黄埔去'……而（到黄埔去）在此意义上，它是在确定可循的主义指导下迈向革命者的归宿。"[①]"到黄埔去"是一条新出路。[②] 20世纪30年代，延安不过是中国地图上并不起眼的小城，却成为无数中国先进青年心中的圣地。"打断骨头连着筋，扒了皮肉还有心，只要还有一口气，爬也爬到延安城。"这是1937年上海沦陷后，上海青年为抗日救亡，辗转多月，长途跋涉，历经千辛万苦前往革命圣地延安的真实写照。"到黄埔去""到武汉去""到延安去"，这是20世纪二三十年代热血青年的梦想与追求，是无数仁人志士冲破艰难险阻，奔赴广州、武汉、延安的精神动力，更是当时一代代青年知识分子的理想目标。为什么会有那么多人拼死也要"到黄埔去""到武汉去""到延安去"呢？本文从川大学子对革命的求索为由，希图解开历史谜团，传承川大精神。

---

① 恽代英：《告投考黄埔军校的青年》，《中国青年》第145、146期，第519~523页。
② 1924年在黄埔军校担任政治部副主任的张申府回忆，他动身南下，在前往广州的路上，见到许多青年学生情绪激昂，并说当时到广州的"学生们热情很高，认为报国有门"。

## "到黄埔去"

1924年6月，孙中山在黄埔军校成立暨第一期开学典礼上，开宗明义地说："今天开这个军官学校，独一无二的希望，就是创建革命军，来挽救中国的危亡。"进入黄埔军校的学生要"一生一世，都不存升官发财的心理，只知道做救国救民的事业，实行三民主义和五权宪法，一心一意的来革命，才可以达到革命的目的。"[1] 黄埔军校旨在培养富有革命战斗精神的军人来挽救中国的危亡。黄埔军校最显著的办学特色是军事教育与政治教育并重，这也是黄埔军校区别于旧军校的重要标志。黄埔军校开政治教育之先河，其教学内容反映了时代潮流、充满了革命气息。黄埔军校成立后，成千上万的青年投笔从戎，纷纷南下广州报考黄埔军校，立志从军报国。一时间，许多有志青年都喊出了"到黄埔军校去！""革命之气在黄埔"的口号。在风雷激荡的20世纪20年代，黄埔是革命的黄埔，它是一股朝气蓬勃、奋勇向前的潮流，是所有革命青年心中的圣地。1924年，李默庵的父母积极筹措路费，送他赶赴广州应考。李默庵报考的是程潜创办的军政部陆军讲武学校，该校于1924年底并入黄埔军校。[2] 在陕西的杜聿明，于榆林中学毕业后急求出路。他在《新青年》上看到黄埔军校的招生广告，受革命思潮的洗礼和熏陶，杜聿明毅然奔赴广州。[3] 1924年冬，刘安祺受徐州中学历史老师孙树成的影响，南下上海投考黄埔军校。[4] 四面八方奔赴革命熔炉的年轻学子，从进入黄埔的那一刻起，革命的集体心理便

---

[1] 孙中山：《陆军军官学校开学演说》，载广东革命历史博物馆：《黄埔军校史料（1924—1927）》，广东人民出版社，1985年，第48页。
[2] 李默庵：《世纪之履——李默庵回忆录》，中国文史出版社，1995年，第7页。
[3] 郑洞国：《杜聿明将军》，中国文史出版社，1986年，第56页。
[4] 张玉法：《刘安祺先生访问记录》，台北研究院近代史研究所，1991年，第17页。

渐渐成形。张治中回忆1924年的黄埔,当时那种革命的空气,紧张的空气,无不令人得到深切的感召和鼓舞。无论你是什么人,只要你进了黄埔军校的大门,便为这里革命而紧张的空气所笼罩。当时的革命青年,到了那种环境,就显出一种活泼、快乐、向上的精神。两次东征过后,黄埔军校的革命知名度在各地兴起。奔赴黄埔,犹如滚滚洪流,什么力量也抑制不住。[1]

1925年11月,中共中央发出第六十二号通告,通知各级党组织选送共产党员、青年团员和国民党左派投考黄埔军校。

> 广州黄埔军校正拟招收三千名入伍生,望各地速速多选工作不甚重要之同学,少校同学及民校左派同学,自备川资和旅费,前往广州投考,以免该校为反动派所据。此事关系甚大,各地万勿忽视。……程度须在高小以上,在名额未满以前,本校及少校同学,均可望不至落选。惟各地派定人数,须在未出发以前报告中局,以便中央统计人数已否满额决定行止。招考期本月底截止,派送人务于月底到粤。[2]

1925年12月,恽代英在《中国青年》上发表《告投考黄埔军校的青年》一文。恽代英写道:黄埔军校成了全国青年心向往之的地方。黄埔在革命中的价值,是因为它能够聚集若干革命的官长与学生,使其在革命的空气中互相切磋陶冶。"若一个人到黄埔里面去,能够勤求学问,严守纪律,但是不注意多接受那些革命的官长同学的影响,思想上并不能起一种'左倾'的变化,终究不能适应将来革命运动的要求。"[3] 由此可见,中国共产党号召广大进步青年"到黄埔去",一方面,是希望左翼青年能够充实革命队伍,"以免该校为反动派所据";另一方面,也是希望通过黄埔精

---

[1] 张治中:《张治中回忆录》,文史资料出版社,1985年,第74页。
[2] 参见《黄埔军校史料1924—1927》,广东人民出版社,1982年,第70页。恽代英:《恽代英文集·下卷》,人民出版社,1984年,第884~887页。
[3] 彭雪芹:《黄埔军校大事记》,广东人民出版社,2014年,第146页。

神的传递，使青年思想能有一种"左倾"的变化。从黄埔四期开始，共产党员开始加入军校，形成一股力量。据不完全统计，2686名黄埔四期生中，中共党员有120名，占学员总数的4.5%。恽代英在《四期同学录序》中指出："中国人几乎没有人不知道'黄埔'，青年几乎没有人不希能预做一个'黄埔'的学生，'黄埔'是新中国的缔造者，黄埔的学生人人都预备牺牲他们的精力生命，为被压迫的中国四万万人杀开一条血路。"①

参与中国共产党创建时期活动的黄埔四期生情况一览表②

| 序号 | 姓名 | 参与中国社会主义青年团时间 | 加入中国共产党时间 |
| --- | --- | --- | --- |
| 1 | 伍中豪 | 1922 | 1924.6 |
| 2 | 陆更夫 | 1923 | 1925 |
| 3 | 恽雨棠 |  | 1923.12 |
| 4 | 钟友千 | 1919年，在北大文科学习时参加马克思主义学说研究会 |  |
| 5 | 鲁平阶 |  | 1922 |
| 6 | 霍栗如 | 1923 |  |
| 7 | 裘树藩 | 1923 | 1924.10 |
| 8 | 曾希圣 | 1922 |  |

---

① 恽代英：《四期同学录序》，《黄埔日刊》，1926年8月19日。
② 陈予欢：《雄关漫道：黄埔军校第4期生研究》，中山大学出版社，2009年，第73页。

## 四川籍学员历任各级军职数量比例一览表[①]

| 职级 | 国民党 | 共产党 | 人数 | 占比/% |
|---|---|---|---|---|
| 肄业或尚未见从军任官记载 | | | 120 | 58 |
| 排连营级 | 张德懋、蒋明哲、尹觉先、艾国英、杨华、龚联芳、王铮、舒绍康、方允中、李徽五、甘竹溪、李竹修、李文林、董崇道、罗伯耳、魏权、张绍典、邵尊伦、贺蜀筠、杨若涛、李富德、李德壎、胡明、胡天朗、张叔麟、唐重民、廖化龙、叶德生、雷翼龙 | 吴会治、穆世济、刘仲容 | 32 | 16 |
| 团旅级 | 陈德昭、晏声鸿、朱念祖、沈夕峰、邵濂伯、徐孔嘉、栾治亚、叶维、缪芸人、王章、陈子衡、刘惠先、张树良、徐昭骏、陈烈林（辉华）、林树恩 | 唐赤英、高伯礼（山子）、梁伯隆、饶绘峰、林福田、霍步青、霍栗如 | 23 | 11 |
| 师级 | 魏廷鹤、李华骏、黄振刚、廖宗泽、屈伸、张仰虞、龙云、吴相、张志远、周蔚文、朱志席、张宰臣、林茂华、赵希杰、雷清尘、王旭夫、何龙庆、胡宗汉、田动云、廖新枬 | 汤慕禹、叶镛、李鸣珂、王侃惠、胡陈杰 | 26 | 13 |
| 军级以上 | 陈远湘、谭乃大、任觉五 | 陆更夫、霍锟镛 | 5 | 2 |

  许多四川青年步入黄埔军校，是与恽代英分不开的。1921年10月，恽代英应中国少年学会会员陈愚生之聘，从武汉抵达川南泸县的川南师范学堂任教，在川南传播马克思主义。他把教育同改造社会有机结合，组织师生阅读进步的书籍报刊，指导学生探索救国救民的真理。1924年夏，四川青年张帆、余泽鸿、穆世济、刘竹贤等人先后追随恽代英，离开成都去上海。1925年秋，深受恽代英影响的陆更夫经成都党团组织推荐，到广州

---

[①] 陈予欢：《雄关漫道：黄埔军校第4期生研究》，中山大学出版社，2009年，第373页。

投考黄埔军校四期。与陆更夫一道考入黄埔军校四期的有彭寿炽、黄乃安、曾策、刘鼎、李华骏、穆世济、张兆成、曾汝高等。①陆更夫是地方党团组织推荐来报考黄埔军校的，入学后便与军校的党组织接上了关系。在党组织的关心下，1925年年底，陆更夫加入中国共产党。

陆更夫进入黄埔军校四期入伍生团训练时，军校教育长是胡谦，政治部主任是邵力子，入伍生部部长是方鼎英。不久，熊雄到黄埔军校任政治部副主任。熊雄到任后先后聘请恽代英、萧楚女、高语罕等共产党人为黄埔军校政治教官，邀请毛泽东、周恩来、刘少奇等到黄埔军校做政治演讲。周恩来讲国内外革命形势的分析，恽代英讲社会科学概论。据文强回忆："大家都认为这是新鲜的课程，实际上是唯物论与辩证唯物论的综合科学，是富有哲理的课程，文化程度低的是不容易听懂的。可是，经过恽代英先生深入浅出的一番讲解，几乎没有一个不懂的。他讲课并不背诵讲义，而是善于联系实际，善于对比，讲授生动，饶有风趣。"②令陆更夫难忘的是他在军校毕业时，恽代英专门给他们做了临别赠言。"他从世界潮流、国内形势，谈到对革命前景的乐观。同时也指出当前国民革命军各部队的素质参差，强调每个革命青年军人应该坚持革命意志，不能随波逐流、同流合污，也不宜急躁幼稚，看不顺眼掉头就走。大家要抱着改造军队的意志，先扎下根来，团结进步的力量，讲究斗争的艺术，逐步改造旧的军队，使之成为真正的革命军队。尤其在前线，要和民众打成一片，打倒贪官污吏，打倒土豪劣绅，才能完成打倒帝国主义、打倒军阀的宏伟大业。"③恽代英的讲话使陆更夫深受教育，获益匪浅。军校教育长方鼎英负责学校管理，他精心培养黄埔军校四期学生时，举行了一次野营演习，他三个昼夜未休息，终因操劳过度而咯血不止，导致声音嘶哑持续了两三年。对于这段经历，方鼎英在其自传中写道："这是我办黄埔军校第四期

---

① 叙永县档案史志局：《陆更夫传》，中共党史出版社，2018年，第78页。
② 文强：《我在黄埔军校的见闻》，载《黄埔军校》，中国文史出版社，2017年。
③ 贺钺芳：《我在黄埔军校的经历》，载《黄埔军校》，中国文史出版社，2017年。

永远难忘的纪念。"① 政治部主任熊雄负责教学事务。在他的主持下,黄埔军校刊印了《政治月刊》《黄埔潮》等进步刊物,他还亲自制定了黄埔军校四期学生毕业誓词:"不爱钱,不偷生。统一意志,亲爱精诚。遵守遗嘱,立定脚跟。为主义奋斗,为主义而牺牲。继承先烈生命,发扬黄埔精神。以达国民革命之目的,以求世界革命之完成。"② 黄埔军校之所以成为20世纪20年代中国青年的革命圣地,正如徐向前在回忆中所说:黄埔军校初期,之所以有这样的革命性、进步性,是与许多共产党和国民党左派人士的努力奋斗分不开的。黄埔军校初期还是值得纪念的,它的创立精神,它的革命校风是应记取的。③

陆更夫在黄埔军校成长,他自称"更夫"。一些同学笑着调侃他:"你知道'更夫'是什么吗?就是打更匠呀!"陆更夫说:"当前我们这个社会,正需要更多的打更匠,彻夜巡逻,对付盗匪、预报黎明。革命先驱邹容还自称'革命军中马前卒',我做一个打更匠唤醒广大民众,又有何不好呢?"④ 陆更夫稍有空闲就会寄一些革命书刊回家乡叙永,热情洋溢地推荐亲友、同学学习。在他的影响下,永宁联立中学九班学生张世安、十一班学生周惠泉、熊雨村都先后前往广州报考黄埔军校。

1926年6月,陆更夫被编入国民革命军第四军叶挺独立团,从事政治工作。⑤ 独立团北上湖南,克复长沙、醴陵,陆更夫在独立团中任政治指导员。⑥ 8月,平江战役爆发,吴佩孚所誉的"良将劲弩,信臣精卒"的第五十混成旅灰飞烟灭。陆更夫随叶挺独立团一路取得汀泗桥、贺胜桥的胜利。8月31日,叶挺独立团兵临武昌,经过40天的苦战,他们拿下武昌。之后,叶挺独立团奉命驰援江西,攻打南昌。11月,南昌克复在即,陆更

---

① 方鼎英:《我的一生》,载《黄埔军校》,中国文史出版社,2017年。
② 辛增明:《熊雄传》,江西人民出版社,2019年,第89页。
③ 徐向前:《徐向前回忆录》,解放军出版社,2007年。
④ 周慧颖:《陆更夫烈士简介》,载《中共叙永县党史资料》。
⑤ 《国民革命军第四军独立团序列表》,载《叶挺独立团史料》,广东人民出版社,1991年。
⑥ 郭剑泉:《黄军校:叶挺独立团军事干部的源泉》,《肇庆党史》,总第81期。

红旗漫卷 土地革命时期的川大英烈

夫念及家人，给弟弟陆承志（希圣）写了一封家书：

> 希圣五弟，前在高安寄上一函，想已收到。我在高安已住20多日，现南昌（江西省城）已克服。二三日后，我将到江西省城去了！我们的军队由广州出发。我也由湖南、湖北到江西，将来不知能否到南京、上海。南昌到汉口需二日，汉口四日到重庆，要是我回家也很容易。不过，我现在不能回来！
>
> 父亲现在何处？我不知信该交什么地方！母亲近来想也安好无恙！我现在的身体很是安健，能吃苦，不害病！这是母亲和你们都喜欢的！
>
> 到南昌时再和你通信！你读书的进度怎样？你应该自己管理自己！
>
> 更夫由万里外的江西[1]
> 1926年11月6日

陆更夫经过"黄埔精神"的熏陶，已成长为革命军人，走上了真正的革命道路。爱国、革命成为革命军人的座右铭。中国共产党创建红军后，中央红军军事政治学校随即开办。1936年，中国人民"抗日红军大学"成立，毛泽东在开学典礼上说："第一次大革命时期有一个黄埔，它的学生成为当时革命的主导力量，领导了北伐的成功。我们的红大就要继承黄埔的精神，要完成黄埔未完成的任务，要在第二次大革命中也成为主导力量。"[2]

---

[1] 中国人民大学家书文化研究中心：《红色家书背后的故事》，人民出版社，2011年，第236页。

[2] 陈士榘：《记忆中的中国人民抗日红军大学》，《党史博览》，2016年第4期。

## "到武汉去"

1926年，砍石（卓恺泽）在《中国青年》发表题为《"到武汉去"》一文，警醒革命青年："革命的青年决不要贪图政治军事的庇护，而且政治军事亦决不能庇护任何真正的革命工作。我们只有散在全国各地努力工作，树立各地民众势力的基础，造成全国普遍的革命高潮，才能完成解放全民族的目的。武汉的工作仅仅是全部革命工作中的一部分，若不是自己有一种投机怯懦的心理，没有理由把这一部分工作看得太重要了。"他以此来告诫、引导到武汉去的革命青年，要正确认识复杂的革命形势，理性分析局势，明确自己革命的方向，切忌一味随大流，误了革命，误了国事。"以现在武汉工作的紧张，一定需用很多人才。'帮忙'是需要的；'革命'的工作亦实在多得很。若不是有什么别的非革命动机，这样'到武汉去'的运动，亦可以说是有他的相当理由的。"① 张太雷说得更加清楚："帝国主义真厉害！先是几十条兵舰几千大兵，帝国主义要用武力压迫中国国民革命的中心武汉，后来因为帝国主义间的冲突及国民政府的外交政策，结果未能实行；但是，帝国主义破坏武汉革命根据地的阴谋和缓了没有呢？没有，非特没有，更外加厉害了啊！……现在我们的厄运是反革命给我们的；现在是反革命四面八方来压迫及从内部来破坏我们的局面；因为敌人是有组织有计划的来进攻我们，而我们是无组织的抵抗，因此我们落在很困难的地位。"② 面对帝国主义的压迫，"到武汉去！"保卫国民革命的中心武汉，成为进步青年义不容辞的责任。

据胡兰畦回忆，她偶然间在报纸上看到一条广告，上面写有：北伐军

---

① 砍石：《"到武汉去"》，《中国青年》，1926年第2期。
② 太雷：《武汉革命基础之紧迫的问题》，《向导周刊》，第197期。

占领武汉之后，革命形势迅速发展，中央急需大批工作干部。国民革命军总政治部特派招生委员陈维中来四川招考学员四百名，凡属身家清白，有志于革命，具有中学文化程度的青年男女均可报名投考。

"看了这条招生广告，真是喜从天降！我立即决定要去投考。"[1] 四川考生300余名，其中女生有31名。四川军阀刘湘为了讨好国民政府，特意包了招商局的轮船，专送这批学生去武汉。[2] 1927年1月，邓演达成立了以他为首，包括郭沫若、包惠僧、詹大悲、李汉俊、董必武等在内的招考委员会。除派人员去两湖、江西、四川、上海等地招考，还有通过国民党河南、安徽、山东、山西、甘肃等省党部的学生来报考。武汉军校的正式受训学员达到6000人，规模之宏大不亚于黄埔本校，实为中国腹部武装革命势力的大本营。

与此同时，中共中央派出的重要干部抵达武汉，其中，包括中央委员项英、张太雷，党团重要干部毛泽东、恽代英、罗章龙、李立三、刘少奇、吴玉章、林育南、陆沉、聂荣臻等，加上原在中共湖北区委工作的董必武、陈潭秋等，党在湖北地区的干部阵容之强，已远远超过其他省份。他们齐聚鄂府，撰写、传播马克思列宁主义的著述，如《湖南农民运动考察报告》（毛泽东）、《十月革命与中国革命》（董必武）、《列宁逝世三周年纪念中之中国革命运动》（陈独秀）、《中国革命中之争论问题》（瞿秋白）、《民主主义与封建势力》（恽代英）、《列宁主义是否不适合于中国的所谓"国情"》（彭述之）等。这一系列成绩，标志着武汉已经成为革命的中心。

1927年2月，中央军事政治学校武汉分校成立，陆更夫任分校政治部宣传科科长，主编《革命生活》。此时，蒋介石叛卖革命的意图初见端倪，陆更夫通过《革命生活》明确反对蒋介石的分裂行径："我们要用打倒西山会议派的精神，对待一切党内的昏庸老朽的反动分子，然后才能铲除党

---

[1] 胡兰畦：《胡兰畦回忆录（1901—1936年）》，四川人民出版社，1985年，第116页。
[2] 胡兰畦：《胡兰畦回忆录（1901—1936年）》，四川人民出版社，1985年，第125页。

外的危害本党的官僚市侩。""最后，我们要使军队在党指挥之下，统一起来，并准备与奉系的武装决斗。惟有在党的指挥之下，军队才统一，才能战胜奉系军阀。"[1]"四一二"政变后，陆更夫在《革命生活》上，发表了《我们的校长蒋介石到哪里去了？》《斥蒋介石》《再斥蒋介石》等文章。在文中，他痛斥蒋介石完全否决孙中山"联俄、联共、扶助农工"的三大政策，背离了孙中山的三民主义宗旨，与革命背道而驰，是一种彻底反革命的罪恶行径。文章发表后，武汉三镇反响强烈，反蒋声浪日益高涨。与此同时，陆更夫与陈赓、蒋先云一起，成立黄埔各届学生讨蒋筹备委员会，动员黄埔军校、中央军校学生加入反蒋行列。他在《讨蒋特刊》中喊出"枪毙蒋介石"的口号，他说："革命的学生，应在党的指导下去努力……革命学生的出路是什么？武装起来是军人，到田间去是农人，到工厂去是工人。今后五四的精神要使工人农人来继续着，要革命的青年发扬着！"[2]陆更夫除了进行革命宣传工作外，还是武汉黄埔女兵队的指导员。[3]胡兰畦在她的回忆录里是这样描述陆更夫的："陆更夫随女兵出发，担任政治指导员。他比叶（镛）队长的个子小，生得面目清秀，举止文雅，皮腰带上带着一支匣子枪，他领我们呼口号时，声音更洪亮，比叶队长还带劲。"[4]

陆更夫的校友曾莱，于1923年考入国立成都高等师范学校理化部。在校期间，他每个星期天都去听成都高师校长吴玉章在明远学会的演讲。曾莱意志坚定，性格刚毅，认准了真理就拼命去干，从不动摇退缩。在荣县、成都，凡有群众运动，他都去参加。他是学校有名的组织宣传活动的人员，假期回到家乡，他手握小旗，到处给乡亲们讲演。他的讲演深入浅

---

[1] 陆更夫：《中央宣传会议通过之党务宣传要点》，《革命生活》，1927年2月17日，第2版。
[2] 叙永县档案史志局：《陆更夫传》，中共党史出版社，2018年，第118页。
[3] 周慧泉《陆更夫烈士简介》，载《中共叙永县党史资料选辑》。
[4] 胡兰畦：《胡兰畦回忆录（1901—1936年）》，四川人民出版社，1985年，第164页。

出，通俗易懂，深受乡亲的欢迎。1926年春节，为扩大国民革命影响，曾莱经荣县教育界赖君奇老师同意，以赖君奇的名义在荣县中学为考入黄埔军校于东江战役中牺牲的陈自强、徐积光两位同学举行追悼会，与会者达数千人。北伐军攻下武汉后，曾莱与同学罗纲举决定东下投军。欢送会上，二人慷慨激昂，振臂宣讲，宣扬了投笔从戎的志向。有人劝曾莱应该在成都高师完成学业，取得毕业文凭，并承诺保荐他做视学。曾莱拒绝了，他说："北伐战争关系国家民族存亡问题，我们应该参加，哪里还顾得毕业不毕业。"①

1927年，曾莱与罗纲举在武汉进入农民运动讲习所，农讲所是培养全国农民运动干部的学校，由邓演达、毛泽东、陈克文担任常务委员。毛泽东主持实际工作，并讲授《农民问题》《农村问题》等主要课程。共产党人周以栗任教务主任，夏明翰任秘书。许多著名的共产党人、国民党左派，如瞿秋白、李立三、恽代英、彭湃、方志敏、陈荫林、李汉俊、李达等都在这里任教。曾莱和罗纲举在这里研究农民问题，他们下乡调查，参加社会活动，成为农民武装骨干。

1929年秋，中共自贡特别区委调曾莱任中共内江县委书记。他到内江后，根据群众的迫切要求，开展秋收抗捐斗争。他将在武汉农讲所学到的工作方法与农村实际相结合，编写为《农民四季苦》歌谣，深受农民喜爱，在内江农村广为流传。

这首歌通过描写春夏秋冬农民生活，写出农民饥啼号寒、艰难度日的苦况。曾莱认识到只有唤醒民众，革命才有出路，他发动农民，实行土地革命。内江农民称他为"曾圣人"，荣县农民称他为"农王"。"广东有彭湃，四川有曾莱"②，他被公认为农民运动的领袖。

北伐时期的武汉革命，是中国共产党直接参与领导的一场深刻的反

---

① 程子健：《永远难忘的曾莱同志》，载《四川文史资料选辑（第28辑）》，四川人民出版社，1983年，第152页。

② 谢鸣明：《曾莱——四川农民运动的杰出领袖》，《自贡日报》，2012年10月9日。

帝、反封建的斗争。青年人来到这里，不仅受到革命文化的熏染，更学会了新的革命方法，这为土地革命时期革命宣传和组织民众创造了条件。

## "到延安去"

"到延安去"是20世纪三四十年代热血青年的梦想和追求，是左翼青年不辞艰辛、冲破罗网的革命动力。为什么要去延安？诗人卞之琳后来说："大势所趋，由于爱国心、正义感的推动，也想到延安去访问一次，特别是到敌后浴血奋战的部队去生活一番。"[①] 美国人埃文斯·福代斯·卡尔逊则深信，年轻人之所以奔赴清苦的延安，是"因为他们信任领导人的忠诚，他们深信这些领导人有能力把中国塑造成一个强国，人们将享有均等的机会"。[②] 不管怎样，年轻人是怀抱着梦想和希望来到延安的。当时在石室中学读高中的曾彦修分析了自己的心路历程，他说："当时到陕北去，主要是抗日，不相信蒋介石的抗日，蒋介石挫败太快，抗日无效。我推测，红军没有被打垮，这么多年，游击战还能存在，说明会打仗，打日本要靠他们……特别是平型关一战的宣传，不只是我们学生，全民兴奋，要抗日就只有找共产党了。""那时，哪里顾得上说实现共产主义呢？……后来延安整风，就是整我们这个东西。只知抗日，不懂共产主义，你们不是为了共产主义奋斗来的……有这样思想的人，叫"半条心"，就是不懂马列，不懂共产主义。"[③] 于是曾彦修与田家英、何郝炬、赵施英、戴碧湘等人在少城公园茶馆商量，决定分头奔赴延安。

抗战时期，陕甘宁边区处在四面包围之中，却创造出了中国其他地方难以看到的"十个没有"：一没有贪官污吏，二没有土豪劣绅，三没有赌

---

[①] 卞之琳：《卞之琳文集（中卷）》，安徽教育出版社，2002年，第451页。
[②] 卡尔逊：《中国的双星》，新华出版社，1987年，第176页。
[③] 曾彦修：《曾彦修访谈录》，人民文学出版社，2020年，第44页。

博,四没有娼妓,五没有小老婆,六没有叫花子,七没有结党营私之徒,八没有萎靡不振之气,九没有人吃摩擦饭,十没有人发国难财。爱国华侨陈嘉庚不禁感慨延安"吏治之清廉,民心之归向",并由此断定"中国的希望在延安"。到延安去!那里代表了中国前进的方向!曾为川大校长的康乃尔是奔赴延安的青年之一。康乃尔在1925年与罗瑞卿一起,参加过张澜在南充领导的反佃当捐运动。1928年,康乃尔受吴玉章、张秀熟影响,与任白戈等人组织学生反对四川军阀内战。[①] 1935年,他进入上海国立暨南大学史地系学习。次年10月,康乃尔转学到川大文学院史学系学习,绥远抗战爆发后,康乃尔在川大发起"援绥抗战大会",成立川大学生援助绥远抗战会,发动人们为绥远抗日将士募捐。七七事变后,康乃尔在川大文学院致公堂召开学生声援华北抗战大会,成立川大学生抗战后援会,康乃尔任副主席。同时,他成立战时学生旬刊社,出版《战时学生旬刊》。1941年4月,离开成都的康乃尔扮成商人,经重庆到达延安。在延安,他先后担任泽东青年干部学校校部秘书、全国青联机关秘书长、中共中央学委秘书。在延安工作期间,康乃尔的能力得到大幅提升,他在锻炼中愈加成熟。1942年11月,随着抗日战争形势的变化,康乃尔被派往晋绥根据地工作,在晋绥根据地,他相继参加整风审干运动,同时调查研究土地改革工作,先后担任中共中兴县五区区委书记、三分区土改工作团副团长、临县土改工作团团长等。

邓照明是1936年秋进川大的,他很快加入了"民先"(全称"中华民族解放先锋队"),他回忆说:"在校外,我们去祠堂街、少城公园茶馆里散传单,发表简短的演说。在校内,就在每个教室贴上一张传单、宣言,也在学校布告栏内贴。校长任鸿隽是学者,不管这些事。"[②] 在"民先",邓照明平时要学艾思奇的《大众哲学》,学狄超白的《通俗经济学讲话》,

---

[①] 《南充市志》编纂委员会:《南充市志》,方志出版社,2010年,第1707页。
[②] 邓照明:《成都和川大学生运动的情况》,载《抗战风云录·成都抗日战争时期回忆录选编》,西南交大出版社,2005年,第78页。

学马克思主义的政治经济学、哲学，学统一战线，学抗日救亡理论，还有从延安带出来的解放社出的一些刊物。组织生活每周进行一次，主要是谈活动情况，谈学习体会，谈团结群众方面做了什么工作。党通过这样的形式加强对进步学生的学习和锻炼。1938年，康乃尔、邓照明、王玉琳等川大同学组织成都大中学生成立成都学生抗日救亡宣传团。以文、法学院学生为主成立第一团，以理、农学院学生为主成立第二团，以华西协合大学等五大学学生为主成立第三团，以协进中学为主成立第四团，总人数达到两三百人。① 由于表现积极，这一年，邓照明加入共产党。"那时入党仪式很简单，一个党代表，一个介绍人，一个党员，三个人一起开一个会，这是入党第一课。申请人讲为什么要申请入党，介绍人讲为什么要介绍，关键是党代表上党课。讲党的性质、任务、作用，怎样做一个共产党员，特别是进行气节教育，一般是两个钟头。"② 到1939年国民党破坏统一战线时，中共中央提出为应付突发事变，要撤退一些人到延安。经中共川康特委研究决定，发动已暴露的学生投考阎锡山在山西办的"民大"（民主革命大学），再打着阎锡山的牌子去延安。"再就是旅外剧队、演剧团体走了一些人，其中有吴雪、代碧湘、陈戈……从组成到沿途行军大概就在1939年九十月间，到延安已经1940年2月。红军长征二万五千里，他们长征二千五百里，从成都到延安，一步一步走。"③ 他们在去往延安的路上，一路高歌："川大青年，民众先锋，服务农村，为国效忠。不怕风吹雨打，不怕烈日当空，我们亲爱团结，我们努力做工……"川大青年奔赴延安、奔赴抗大，努力学习，改造思想，实践着主席的教导，"抗大是一块磨刀石，把那些小资产阶级的意识——感情冲动、粗暴浮躁、没有耐心等，磨它个

---

① 邓照明：《成都和川大学生运动的情况》，载《抗战风云录·成都抗日战争时期回忆录选编》，西南交大出版社，2005年，第83页。
② 邓照明：《成都和川大学生运动的情况》，载《抗战风云录·成都抗日战争时期回忆录选编》，西南交大出版社，2005年，第85页。
③ 邓照明：《成都和川大学生运动的情况》，载《抗战风云录·成都抗日战争时期回忆录选编》，西南交大出版社，2005年，第93~94页。

精光；把自己变成一把炫亮的利刃，去革新社会，去打倒日本。"

1939年底，邓照明被推选为川康地区出席党的七大的正式代表，奔赴延安。因大会延期，其被中共中央组织部派往晋西北第六分区工作，担任中共山西宁武县委书记兼县大队政治委员，参加晋西北的抗日游击战争，后调回延安任中共中央组织部干事。1945年4月至6月，其作为大后方代表团成员出席中共七大。

2020年4月，习近平总书记在陕西考察时说："延安精神培育了一代代中国共产党人，是我们党的宝贵精神财富。"从1937年到1940年，川大学子通过各种渠道，先后奔赴延安的有熊复、彭文龙、余涧南、缪光钦、周海文、张越武、张希钦、岳尧阶、张宣、胡绩伟、蔡天心、韩天石、王广义、邓照明、陈英、王大民、王玉琳、喻厚高、刘志皋、刘掞、汤幼言、郑云风、徐思贤、卢济英、胡朝芝、康乃尔、陈毅乔、郭先泽、王友愚、夏淑惠、郭永江等人，为革命根据地输送了一大批革命干部。

"到祖国最需要的地方，担最重要的责任。"这不仅是川大学子在革命战争年代的追求，更是今天和平发展时代的心声。到祖国最需要的地方去，是川大人的初心和使命。